你不是不會做事，是不會說話！

是不會說話！

李揆熙——著

王品涵——譯

「願」從口出

　　據說，比起與生俱來的八字或面相，代表內心長相的「心相」才更重要。雖然我們無從決定自己天生的八字、氣質、長相，卻能靠自己的意志形塑心相。假如要讓過去曾在大型航空公司擔任頭等艙空服員與廣播教官長達十七年的我，斬釘截鐵地證明一件事的話，那就是「說話見人品」。

　　說話方式恰如內在的影子。單憑說話方式，就能得知一個人究竟是急躁，或是不耐煩、傲慢、自信。如果一個人對自己說的話肯定、有信心的話，那麼這份自信也會自然地鑲入其聲音與說話方式。

我也有過一段意志消沉的時期。既不善言詞，語調也毫無自信，是個只要一站在眾人面前，就會滿臉漲紅的人。儘管如此，我卻依然能夠對家人說出犀利的話語。即使我是個不足之處很多的人，但我仍想活得精彩、與摯愛的人們建立良好的關係、創造美好的緣分。無論是多麼微不足道的事，只要自己能夠幫得上忙，我都想盡自己所能分享。

　　經過數年間分析與研究空服員的聲音後寫了這本書，為各位整理出最有效率、最確實的溝通方式、職務上能獲得認可的報告細節、找到正確聲調、如何發出迷人的聲音、使用自己的說話方式與氣質打造「個人品牌」，以及在遠距時代的溝通技巧…等各式各樣的祕訣。我會在書中說明實際教授與經歷的親身案例與問題，想必各位也會在閱讀的過程中有感而發地點頭認同。此外，為了讓所有人都能輕鬆活用，所以也一併收錄具體的實踐方案。

　　我相信「願」從口出。這是我一直放在心中的「自我信念」之一。有人說「話語也有靈魂」，因此人

也往往會遵循自己的説話習慣、口頭禪。「唉，累死了」、「死定了」、「有夠煩」、「哪有可能啊？」老是把這些話掛在嘴邊的人，勢必也會露出與這些話相似的表情、散發相似的氣質。相反，喜歡説「一定做得到」、「不錯耶」、「很厲害」的人，通常就會自帶積極正面的光環。

連自己也不自覺脱口的抱怨或負面話語越多，製造的負能量自然越龐大。假如習慣説些貶低自己的話、氣餒的話，請務必即刻連根拔除這個習慣。我從來沒有見過任何快樂或成功的人會不停地使用負面話語談論自己。

從自己口中説出的話，第一個聽見的人就是自己。健康的話語，將會補充內在世界的自信與能量。希望各位都能從現在開始使用能夠成為自己力量的話語，甚至嘗試錄下自己説過的話。儘管無法立即見到今日的努力成果，但也請將其視作播種的過程。播下種子後，必須盡心盡力地照料直至萌生幼苗，長出莖葉並結成果實為止。

正在閱讀這本書的各位，都是已經在起跑線就定位的人了。堅信自己選擇的方向，然後邁開腳步吧！在往後的日子裡，比任何人都要奮力地為自己的人生加油。

　　　　　　　　　　二〇二二年，溫暖的春日；
　　　　　　　　盼望著溫暖的話語也能滲透你心。

　　　　　　　　　　　　　　本書作者 李挨熙

Contents

為什麼還得擅長說話？

PART 1

使用拯救過我的說話方式贏得人心

PART **2**

悦耳的聲音並非天生，
而是後天創造

PART
3

利於遠距時代的 說話方式與聲音

PART
4

PART 1

為什麼得
擅長說話？

唯有説出口，
才能明白

工作的最基本手段

沒有不必説出口就能明白意思的上司

「我對這次的提案真的很有信心。不過，部長好像會選擇坐我隔壁的K課長的提案。明明資料準備、調查、結論…等工作都是我做的，但我每次都會被比較懂得向部長表達自己意見的K課長甩到一旁。為什麼我在部長面前總是亂七八糟地結束報告呢？不會説話，搞得自己整天都在吃虧」

在職場上，總是有那些擅長展現自己的成績、功勞，而且和難搞的上司也能相談甚歡的人。有些人看見這樣的同事會搖頭說著：「反正我就是只會埋頭苦幹的笨牛，怎麼可能那樣做？」隱藏了自己既羨慕又嫉妒的心理，甚至將他們視為「不是靠行動，而是靠嘴巴工作的人」。轉過身，又用自嘲的語氣安慰自己：「只要認真工作，總有一天會得到賞識吧。」

然而，上司實在太忙了。職責、職位越高，需要擔負的責任與決定當然只會有增無減，根本沒有餘力再去逐一檢視部門裡每個成員的工作進度或成績。沒錯，上司對我們比想像中來得更沒興趣。

嘴巴上說著「有必要每件事都講得這麼清楚嗎？好像有點太愛炫耀了吧？」但實際到了做決定的瞬間，上司卻看不見自己的努力時，我們又會覺得被背叛了。但其實，上司根本不需要對這股被背叛的感覺負責。

試著回想一下我們身邊很擅長展現自己成績的那

些人——他們很懂如何靠著說話贏得信任，掌握上司的心思、精準命中上司需要的東西。**他們不是「靠嘴巴工作的人」，而是「擅長職場生活的人」。適當展現自己的成績並且獲取良好反饋，其實也是工作的一部分。**

實際上，像頭牛一樣默默耕耘直至燃燒殆盡的上班族不在少數。來自上司或同事的良好反饋，有時也會成為驚人的動力。假如在認真工作後有了應該得到反饋的事，那麼無論這件事大或小，都值得報告。

小的報告會逐漸堆積成口碑。一旦成功形塑了「會做事的人」的形象，往後發生錯誤或問題時，自然就有機會被視作「他只是一時失手」而被寬待。

不要把自己的工作視為「任何人都能完成和我差不多的工作」。稱讚要靠自己，展現更要靠自己。

所以，
你想說的到底是什麼？

準確說好「職場用語」

誰也沒教過我們的說話訣竅

社會生活是分享彼此意見與尋找解決方法的一連串溝通。只是，卻幾乎沒有教導關於溝通必要技巧或方法的單位。尤其像一人公司，更是難以在小規模中確實掌握是否溝通無礙。因此，自然也不可能存在能夠指導我們溝通方法的職場前輩。面對這種情況感到不知所措的上班族，通常只能選擇在公司以外接受溝通教育，甚至尋求相關諮商。

所有工作的百分之八十九都是靠著溝通完成。無

論是業務報告、會議、發表，或是與上司、同事、其他部門、其他產業意見協調…等，「溝通」都左右著著整個組織的氛圍。

日常用語與職場用語的使用方式截然不同；而準確度絕對是最重要的首要之務。**職場對話的目的不在於社交，而是需要透過有條理、系統化的說話習慣盡量迅速地、有效率地將工作內容傳達給對方。**清楚掌握重點的傳達，而非一一陳述自己腦袋裡的想法；如果能讓對方一聽就懂，結果通常也能提高說服力。

究竟該養成什麼說話習慣才能提高說服力呢？在此為各位介紹，由我親身實踐過的方法中，最有效也最容易執行的兩大方法。

第一種方法「PREP」。從重點開始說起的方法；必須同時搭配足夠支持論點的對應案例、根據。
Point：重點
Reason：主張原因
Example或**Evidence**：案例或數據…等根據

Point：重複重點

舉例如下：

P重點：建議為職員們打造休息空間。

R原因：彙整分季進行的全體職員要求事項結果，希望能在辦公室以外擁有舒適空間休息的意見多達百分之七十。

E證據：根據研究結果顯示，工作期間的短暫休息能有效提升工作效率。此外，近期也有腦科學界的相關研究主張「短時間的午睡不僅能降低工作疲勞度，而且還能增加工作效率」。

P重點：因此，建議將辦公大樓無人使用的四樓會議室改造為職員們的休息空間。

如果可以使用上述方式進行說明，即可藉由「清晰重複敘述意見與根據、重要內容」完成具有說服力的報告。

第二種方法是「SBE」。這種方法同樣也是從解

決方法（即重點）開始說起，對於貫徹自己的意見尤其有效。

Solution：解決方法
Benefit：優惠
Evidence：證明

先從「提案內容究竟是什麼？」的結論開始陳述，接著再帶出期待的優惠、利益為何；具體說明哪些部分需要改善、哪些部分能夠獲益。**就算是再好的提案或意見，一旦缺少伴隨的優惠與利益時，便很難令人接受。**最後，使用實際根據證明自己主張的內容究竟有多麼適當。

S解決方法：介紹新的教育課程時，建議職員們多加利用網路社群C。

B優惠：預期網路社群C能提升職員們確實收到工作事項的比例，進而協助宣傳新推出的教育課程；此外，由於網路社群C是一個團隊共用平台，即使沒有其他小組的批准也能上傳自己小組的宣傳資訊。

E證明：與其他網路社群或使用E-mail宣傳的結果相比時，證實職員們對於透過C傳達的內容的認知度高出百分之十。

　　像這樣提及具體優惠的說話方式，勢必可以獲得同事或上司的正面回應。將上述的兩大方法寫在職場用的隨身筆記本或手機備忘錄中，並且試著在會議或報告時使用。原本說話沒有重點的說話習慣也能因而獲得改善。千萬不要在嘗試一、兩次後便選擇放棄，不停重複練習至熟悉這種說話方式才更重要。不久後，就會發現說話時既有自信又充滿說服力的自己。

掌握自己的說話條理，讓對方一聽就懂。

1. **PREP**：重點 → 原因 → 案例或數據等根據 → 重複重點

　　　　　　提出原因與案例、根據是提升說服力的關鍵。

2. **SBE**：解決方法 → 優惠 → 證明

　　　　　只要提及優惠，自然就能讓對方更加專注聆聽自己說話。

説服
也需要策略

從重點開始說

提升效率的溝通方法

「我解釋得對嗎？」

「我真的有搞清楚組長說的重點嗎？」

當我們在説話或聆聽時，總是會不停思考這段話的重點是什麼。尤其是只要看一看公司裡擅長表達的那些人，其實就能立刻知道他們究竟想説的是什麼、

應該用什麼方式說話、如何回應對方的提問…等；而且他們說話大多也都不會偏離對話的主題。**在職場上，如果懂得在開口說話前多想一次，不僅能節省對方的時間，同時也能節省自己的時間。**

　　上台報告前，請謹記以下三點──說明宗旨、執行目的、反覆思考上司期望的是什麼。舉例來說，如果需要舉辦一個研討會來蒐集職員之間對於下次企劃的意見時，那在實際報告相關內容前，務必先確認以下事項。

- **說明宗旨**：為了籌備C企劃的職員們舉一場辦研討會
- **執行之必要性**：需要時間蒐集職員們的意見，才能製作添加項目的教材與影片
- **要求事項**：執行小組研討會的計劃需要請組長批准

　　整理好重點後，即可使用以下內容進行報告。

「我們希望能為下一季負責執行C企劃的職員們舉辦研討會。在C企劃中，將會進行多樣化的研習。為了在現有課程中添加導覽的教材與製作影片，我們需要時間來蒐集職員們的意見。因此，執行小組研討會的計劃需要組長的批准。」

另外，還有一個吸引上司注意的秘訣。如前所述，一天需要聽數十個報告、處理各式各樣企劃的上司，其實忙得不得了；有時，甚至還得應付意料之外的變數，以及決定無數懸而未決的提案，所以很難要求上司隨時都是百分百專注於執行業務者所說的話。

為了讓上司專心聆聽，我們必須陳述得夠清楚，好讓因此被激發好奇心的他們能真的認真聽。不過，這並不意謂著需要誇大其詞或捏造根本不存在的事實。建議採取「目前業務進行得相當順利，但為了能有更好的結果，可能需要些許改善或提議」的說明方式作為報告的開頭。毋須一五一十地陳述哪些部分出現問題，所以才需要討論、修正、更動的說話方式，以免徒增不必要的緊張氣氛。如果說出帶給上司安全

感的意見，獲得正面回應的機率通常也比較高。考量
上述內容後，先前的報告內容即可做出如下修正：

「組長，我們已經按照預期進度在為C企劃準備
了。由於準備過程中需要添加內容，所以職員間好像
需要可以詳細交流業務與分工安排的研討會。」

試著先從有辦法給予上司安全感或引起上司興趣
的話開始說。**即使置身於相同情境，也會因為說話方
式的不同，產生不同的報告結果。**

說話只說重點的說話習慣
1. 具體傳達說明宗旨、執行目的，以及向上司提出的工作要求
   事項。
2. 先從有辦法「吸引上司打開耳朵」或「帶給上司安全感」的
   話開始說。

完美的報告
也有不管用的時候

心有靈犀似地察覺
上司內心的判斷能力

做多少就說多少

　　為了讓部長可以欣然同意，我已經整理好數據和
案例、市場分析，並且把這些都寫成報告，還做了好
幾次的模擬演練，可以說是做足準備，這次一定行！
畢竟都做到這種程度了，想必部長也會滿意。我對自
己的報告明明很有信心啊，但…部長的表情怎麼感覺
不太對勁。到底在考量哪個部分？

只要是上班族，一定經歷過一、兩次這種情境。無論提出多少數據與值得信賴的資料，上司卻是一副內心早有答案的模樣。此時，「設身處地思考」會是最快的捷徑。因為，如果已經完美無缺地備齊名目、數據、理論，但上司依然無法放心的話，其中一定有什麼原因。

決策，往往不是單憑理智與理論來決定。我們必須仔細思考阻礙上司決策的情緒是什麼、上司內心真正想的是什麼。多數上司很有可能都存在著難以啟齒或沒有向職員們公開的內情。如果光從外在呈現的情況進行判斷，而準備了一大堆過於尖銳的資料與數據，想必只會讓上司的內心難堪不已。

與我共事的同事也面對過類似的情況。自己精心準備的提案不被上司接受，於是同事只好重新加強資料與數據後再報告一次。然而，上司卻依然無法輕易做出決定，最後大家也只能接受令人費解的結果。像這種情況，無論怎麼處理都很尷尬，甚至還戰戰兢兢地憂慮著上司是不是討厭自己。後來才知道，上司

確實有不得不這麼做的原因。雖然組員們的提案無可挑剔，但由於與高層的意思相左，因此根本不可能推行。原來是組長為了不想讓組員們將自己視作沒辦法果斷做主並採納良好建議的無能主管，所以才無法對組員坦白。

　　再怎麼具說服力的內容，也會根據聽者的狀態、情緒而出現不同的接受程度。試著理解上司的真實內心，並找出使其遲遲無法決策的考量因素之後，再量身打造適合的策略。因此，平時就得留意組織內的消息、上司的狀態、團隊關係…等促進公司順利運作的一切因素。

唯有確實理解上司的指示，才看得清自己的工作內容

提升理解能力的訣竅

如何讀懂缺乏明確指示的上司的內心狀態

即使自己希望可以準確掌握高層想要的內容，然後為此做出合適的企劃，卻經常發生很難清楚理解對方真實期望為何的情況。不過，一旦提出想要再次確認自己聽到的內容究竟對不對時，又怕因此被當成沒有能力掌握工作內容的人，所以沒辦法魯莽發問。

無法掌握上司的心意，是不少上班族的煩惱之一。假如上司可以在指示工作時具體說明的話自然是再好不過，但上司往往與我們想得不一樣。我甚至也曾試過在「寫下想對上司說的話」時提交這樣的內容──「希望上司能夠具體、準確說明要指示的工作」。

沒有確實掌握上司指示的工作，單憑臉色與自我推測的結果，往往只會換來「不是吧，這根本不是我說的東西啊！」的回應，於是內心難免就會出現「不會一開始就講清楚嗎？」、「事到如今才在講這種話！」之類的怨言。一方面可惜自己為企劃案傾注的努力與時間，另一方面又難掩內心的失望。

只是，就上司的立場來看，也有可能是因為他認為相關工作的輪廓還不夠清楚，所以才會簡化指示事項；或是因為上司本人對工作內容太過清楚了，才會判斷職員們應該也都瞭若指掌，於是最後選擇點到為止。

因此，需要的是能夠清晰交流彼此想法的溝通過

程。如此一來，不僅可以重新審視工作內容，也可能因而激發更好的想法或方向。

讓我們一起了解一下有助於心有靈犀似的聽懂上司的話，並且完成期望結果的兩種說話習慣。

第一種：務必確認上司指示的內容與自己的理解是否吻合。舉例來說，假設上司為了安裝音響設施而指示提交相關廠商的分析報告，即可使用「是，您的意思是希望我們先針對辦公室內音響設施的裝設廠商進行分析，對吧？」以這樣的方式重新確認一次。於是，上司可能會提出像是：「因為是要安裝在辦公室內，所以你們稍微比較一下尺寸和價格、性能之類的，挑出兩至三家廠商」等具體答案。當然了，提問是件麻煩事。又不是什麼多複雜的指示，非得像這樣再多問一次嗎？不過，光是做到反問一次指示事項這點，就能大幅提升獲得上司具體化或附加指示的機率。**只要能克服「覺得麻煩」開口提問，到頭來節省的其實是自己的時間與能量。**

第二種：在一定進度時進行報告。如果是上司相當在意的工作，他們勢必會好奇自己指示的業務究竟進行得如何。當工作進行到一定進度時，稍微檢查一下目前進行方向是否與上司的期望一致會比較安全。需要特別注意的一點是，請先考量上司的個人特性後，再適度進行這件事。假如上司的性格善變，則必須採取一開始就確實對焦業務方向，並且直到最後再進行最終報告的方式。

　　職員主動在一定進度時進行報告，通常都能發揮適當展現自己工作表現的效果。如果上司真的想在途中針對指示業務修正某些想法或方向，自然也能藉此交流意見。**適當展現工作進度並獲取回應，絕對是在商業上必備的說話習慣。**

心有靈犀似的聽懂上司話語的說話習慣

1. 再次確認上司的指示（重新提問）。

2. 在一定進度時進行報告。

早就知道上司
連這種問題都要問了

應對上司的突襲提問

她是怎麼培養臨場反應能力的？

　　只顧著專注報告內容時，很容易就會遺漏準備上司可能提出的問題。就算備妥了問題，我們也老是被上司殺個措手不及。

　　「你們說一下現行員工證照管理體制的歷史淵源是從什麼時候開始？還有，為什麼這個體制會被修改？當時的時空背景是什麼？」

「喔⋯是的，那個⋯大概是在二〇一九年的八月⋯當時的時空背景是⋯請稍等一下喔⋯」

人一旦開始慌張，隨之而來的就是失去自信，結果自然換來上司「這傢伙到底有沒有準備？」的怒目相對。當置身這種境況時，原本明明很清楚的事也會瞬間忘得一乾二淨，並且因為緊張而變得更加結巴。

雖然報告本身也很重要，但是「有沒有能力在報告後回答緊接而來的提問」才是報告的真正重點。無論報告內容多好，只要回答不出問題，上司就會直接做出「你沒準備」的判斷，最後連完美準備的報告也難以贏得信賴。這是多麼委屈的事啊？明明是拚了命準備的報告，竟然被視如敝屣⋯

懂得臨機應變地回答意料之外的問題絕非易事。究竟該怎麼樣才能做到藉由輕鬆、適當的回答獲得對方信賴呢？

與我一起擔任教官的同事中，有位總是可以從容

應答任何問題的同事。她非常擅長將業務內容整理得井然有序，然後心平氣和地進行報告。看著她即使面對上司突如其來的提問也從不驚慌，並且做出適當回答的模樣，心裡想著「她腦袋裡是不是有AI啊？怎麼可能連每個年度發生過什麼事都記得一清二楚？」的我，總會不由自主地感到讚嘆與尊敬。同時，也會暗自猜測「那是凡人無法超越的領域，是天賦吧…」的想法，從來不曾想過這一切原來可以靠學習或努力達成。

只是，實際與她共事後，就會發現這絕對不只是與生俱來的反應或能力。每次報告前，她都會重新再熟讀一次重要的內容；**熟讀內容後，再推測上司可能基於自己的報告內容提出哪些問題，並且事先整理好相關資訊。同時調查上司可能好奇的議題或歷史，其實也是報告的一部分**；此外，連與相關部門的合作內容也了解得一清二楚。這樣的她，理所當然地成為上司最信任的人才，而且只要是出自她口中的話，一起工作的同事也都百分百信賴。

我也想從容回答任何問題

究竟該做什麼準備才能應對突如其來的提問？

第一，<u>平時就對自己的工作保持濃厚興趣</u>。當背景知識越多，當面對突襲提問時，自然也能回答得越從容。對於自己正在處理的工作或周圍情況有關的大事保持好奇與興趣。或許有人會問「那麼多資料，怎麼可能全部記得？」這當然不是一朝一夕的事，請不要著急。想要累積必要的數據，投入實際的時間自然在所難免。保持好奇心與興趣也沒那麼簡單，畢竟這也需要追根究柢的專注力與韌性。

第二，<u>試著評論自己的報告</u>。假設自己是上司，試著提出反駁報告的問題。

- 選擇在現在這個時機點做這份報告的原因是什麼？
- 我們要藉由這份報告做什麼？
- 我們部門做這件事的話，可以得到什麼好處？

- 做這件事需要經過什麼批准程序？費用是多少？
- 正在和我們部門做類似工作的競業有哪些？預期競業的相關部門會有什麼反應？
- 如果將這些內容呈給高層，可能會獲得什麼反應？

如實記錄上司平常會問的問題，然後以這些問題反問自己會是個好方法。像這樣事先準備好問題的答案時，內心也會變得踏實。那麼在報告與回答時，自然就可以維持自信、肯定的態度。

假如已經準備得如此充分了，卻依然出現意想不到的提問時，千萬不要為了逃避當下的情況而選擇含糊應對，或者說出根本未經證實的內容，而是應該在當下回答「我會再確認一下」，並且在事後確實掌握正確資訊。

面對任何問題，都保持能抬頭挺胸回答的說話習慣

1. 平時對自己的工作內容保持濃厚興趣。

2. 評論自己寫的報告。

如果想要減少
「完了！」的頻率

推薦害怕説錯話的人
使用的三種方法

脱口説出不是出於本意的話語

　　每次結束報告後，同事A總會不停回想「我有説錯話嗎？」從下班途中到睡覺前都一直在思索著「唉…早知道就不要説那句了。為什麼老是脱口而出？會不會被誤會啊？」

　　任何人勢必都曾有過憂慮自己脱口説出並非本意的話語，進而擔心是不是會引起誤會的經歷。越是平

常懂得同理他人的人，飽受不經意說錯話的情況所苦的機率越高。

話越多，越容易說錯話；當說錯話的頻率越高時，甚至會選擇索性閉上嘴。不過，如果因為怕說錯話以致於關鍵時刻也無法說出恰當的話時，只會讓誤會與矛盾變得更深。

過去的我同樣也經常在與同事對話後、向上司報告後，憂心忡忡想著自己說過的話會不會造成誤會。

在此向擁有這種煩惱的人介紹幾個實用的方法。這些方法有助於減少無謂的錯誤，以及在適當的時機說出適當的話。

<u>第一個方法：不要著急</u>。心平氣和地調節好呼吸，清楚整理自己想要表達的內容。說話，是一種心理反映。當置身於緊急的情況時，人往往會為了取得優先發言權而認為「自己應該趕快說些什麼才行」，結果脫口說出未經思考的話。不必急著發言也沒關

係，試著先穩定呼吸，好好釐清自己要說的話。

第二個方法：了解情況。永遠不要忘記自己說話的目的為何。越是重要的商業場合，越應該清晰表達重點就好；也絕對不適合為了緩和氣氛，反而提起關於宗教、政治、家庭…等隱私當作話題。

第三個方法：道歉與改進。每個人都有可能出錯。說話也是如此。世上有一輩子都不曾說錯話的人嗎？當自覺說出了太過分的話時，請儘速道歉，最好也能充分解釋自己為什麼說出這些話的原因，藉以說服聽者理解。

最重要的是，好好鼓勵為了磨練說話習慣而努力的自己。在承認錯誤與道歉的過程中，我們反而可以學到更多。

08
報告
也要選擇時機

有效溝通的最佳時機

只是掌握了時機，結果就不一樣

　　某位同事是出了名工作能力好。她總是懂得細心檢視上司的狀況，連什麼時候回總部開會、今天的心情為什麼特別好…等如此細節的部分都暸若指掌。於是，我暗自想著「有需要看上司的臉色、顧上司的狀態到這種程度嗎？」「我做好自己的份內事就好吧，太累了」偶爾也會默默辯駁著「我才不想拍上司馬

屁，迎合他們的口味咧！」面對這樣的處世哲學，我既感到不適，甚至還會展露充滿防禦的姿態。

只是，我很快就意識到這一切都是自己妄下的判斷與偏見。實際上，她僅是在配合組長的情緒，而不是阿諛奉承；為的只是確認上司當下究竟聽不聽得進自己費心費力準備的報告資料。她也總是會先考量上司的行程表才進行報告。因此，上司肯定她是機智、聰敏的人、易於溝通的人並且予以信任，想必只是遲早的事。

從旁觀察她的溝通方式，我才領悟到**無論是報告或各種溝通皆存在所謂的「關鍵時機」。**

第一，確認自己在向上司報告時，他們是否處於聽得進報告的狀態。不少執行業務者都不太關心自己上司的狀況。整個腦袋只裝滿了自己必須說的話、準備的報告內容，根本無暇再去顧及上司的狀況。在沒有確認好聽者狀態的情況下，便只顧著滔滔不絕地說，無疑只是單方面的自說自話；自然也很難期待能

得到什麼正面的回應。報告前，建議先確認一下上司是否有其他重要日程、緊急業務⋯等。

此外，避免在上司被高層訓斥結束後進行報告，建議另尋時機為妙。如果懂得在仔細觀察上司的狀況、情緒狀態後，找到適當時機進行報告，獲得正面回應的機率也較高。

第二，養成出錯時即刻道歉的習慣。無論是說錯話或在業務上發生任何錯誤時，一定要及時道歉。不是有句話說：「亡羊補牢，為時未晚」嗎？不過，若在沒有確實釐清前、後狀況就隨便道歉的話，也有可能會因此引起反效果。

道歉的時機也相當重要。原因在於，**當面對任何指責都反射性動作似的說出「不好意思」、「對不起」的人，反而會讓人失去信任**，所以務必格外留意。不要隨著緊張的情緒起舞，稍微停下來，無論對於了解對方與情況都會有幫助。

第三，接受幫助時，千萬不要錯過傳達感謝的時機。因為嫌麻煩或害羞而推延表達謝意，導致錯過時機，沒辦法再重提起這件事，最後反而沒有任何致意就結束了。一旦諸如此類的情況經過日積月累後，對方可能會因不曾接受致謝而感覺不被尊重，進而不願意再持續這種單方面付出的關係。

　　唯有良好的溝通，才得以維持良好的關係。請及時表達謝意，紮紮實實地說出來。

哈佛大學的說話訓練法

1. 不要一口氣傳達太多意見；確實傳達一個主題後，再進入下一個。

2. 持續詢問好奇的部分並分享想法，藉此了解整體氛圍。掌握大局，自然就好辦事。

3. 養成適時整理說話內容的習慣；善用釐清邏輯的連接詞，能讓對方更易理解。

· 重點：重點在於

· 原因：我說這些的原因是

· 對比：此外／在其他層面來說／需要注意的是

· 轉換：不過／話雖如此

你不是不會做事，
是不會說話

我不是不會做事，只是不會說話？

有些人只擅長埋頭苦幹，但很遺憾地不懂得適當說話表達出來；更常發生的情況是，實際上真正有能力、有熱忱的人卻因為不會說話，看起來反而變得像不會做事的人。我同樣也曾經在因為說話習慣被訓斥時，聽過對方殘忍無情的批評。在我仍是新人教官時

期，負責帶領我的前輩總是得花很多時間才能理解我說的話。我很驚訝「到底有什麼問題？明明就不是什麼難懂的話，為什麼聽不懂？」甚至完全聽不進前輩說的「說話要讓人聽一次就懂」。儘管我在前輩面前回答「了解」，內心卻完全不認同。

於是，我帶著鬱悶的心情，開始觀察與學習那些既會做事又會說話的同事們。直到此時，我才真正明白過去未曾察覺自己說話習慣的問題。性格急躁的我，無論是在向上司提問或報告時，經常會不管三七二十一就直接切入主題，完全沒有前情提要，只顧著想趕快說出那些需要答覆的部分。我一直以為自己這麼做是基於不想多說廢話佔用上司的時間、懂得只傳達重點就是會做事。結果，這一切都是錯覺。**事實上，正是因為我一味顧著傾吐自己想說的話，卻從來沒有聽過自己是怎麼說話的。**

我開始反思自己究竟是不是因為不會說話，才會連工作能力都無法得到適當評價。**只要改變讓人看起來不會做事的說話習慣，任何人都能變得煥然一新。**

看起來不會做事的三種說話習慣

第一種：<u>尾括式說話方式</u>。「組長，我已經打過電話給之前向您提過的部門。經過了解後，發現A單位從三年前開始就有想過這個提案，但因為K次長的反對，所以沒有執行。B單位也試過在上個月重新提出，但他們說還沒正式決定，然後C單位……」像這樣繞來繞去的說話方式，會讓人很難掌握重點。

結論，是職場的必要之物。「組長，關於您提過的企劃，我已經彙整了其他相關部門的意見。在五個單位中，有四個單位給予正面回應。」像這樣先從結論開始說起。不拐彎抹角地說完結論後，接著再陳述細節。藉由補充說明提出其他部門有什麼意見，解決上司的好奇心。**會做事的人，講話不會拐彎抹角。**

第二種，<u>不提具體數據，顧左右而言他的說話方式</u>。經常性依靠抽象的詞彙表達，例如：「非常大量」、「厲害的成果」、「持續一段長時間」；要不是基於「這樣講應該聽得懂吧」、「有必要講得這麼

精準嗎」的推測，就是因為對數據的不熟悉而不願使用。當需要準確與客觀的判斷時，提出數據一起進行說明會更有效。千萬不要因為自己對數字沒有概念就索性放棄，起初拗口的數字也會在練習之後逐漸變得熟悉。

此外，使用數據說明時，記得展示與整體規模比較的比重。以「目前取得A證照的職員共有三百名」說明時，根本無從得知這個數據究竟多或少，若是換成「在三千七百名職員中，共有三百名取得A證照」的傳達方式，即可點出該份資料的比例與順位。

第三種，以自己立場為主的說話方式。儘管個人在公司中是隸屬於小組或部門、特定企劃案，但其實各個單位都是由業務串連而成的一體。當與其他單位、外部產業協力的業務越多，與他們確實溝通的這件事也越容易左右案子的成敗。

我的工作有時必須與IT部門合作，但因為自己對IT的知識不足，所以就連一般溝通都變得困難。因

此，經常發生對方需要重做好幾次的情況。尤其是當我們必須使用IT領域的專業術語溝通時，根本無法正確交流。相較之下，懂得做事的人的說話方式就完全不一樣。他們會盡可能使用能讓對方理解的方式說明。從關於所有流程的圖片，到說明如何將要求事項結合整體流程後，要求事項實際上可行與否、需要多少時間…等，逐項仔細確認。不會只顧及自己立場需要的要求，也站在對方的角度說明。這種人處理工作的方式，大多果斷且清晰、無懈可擊。

唯有保持同理心並努力讓對方能確實理解時，才能真正釐清頭緒。為了節省對方的時間，自己也必須花費相當的時間與能量，因此許多人都認為「體諒與做足準備讓對方一聽就懂根本是在浪費時間」。然而，一旦讓對方理解錯誤而得一次次修改完成的成品、重新提案與確認的時間，蘊藏的風險其實才更高。與對方有默契地並肩作戰，終究會化成彼此間的正面能量。因此，與其追求立即的成果，試著提升過程的「品質」才更關鍵。

將不會做事的人轉變成為會做事的人的說話習慣

1. 首括式說話方式。

2. 使用數據取代形容詞、副詞。

3. 具體說明使對方能理解，而不是以自己的立場為主。

10

無法忍受沉默的你
必備的閒聊技巧

閒聊的三大實用秘訣

如何開啟話題

再也沒有什麼比對話中的沉默更難處理的事了。對沉默感到尷尬的人,往往都會想盡辦法找出聊天話題。即使沒有特別想說的話、對於對方也毫無興趣,但忍受沉默實在太煎熬了,只能絞盡腦汁讓對話延續下去。

於是，就連未經證實、不一定得說的話都通通說了出口。最後，只能在留下「到底在胡說什麼？我為什麼要說那些廢話？會不會被誤會啊？」的自責與懊悔之中結束對話。

必須與點頭之交的公司同事、協力單位職員、難相處的上司待在一起的場合，究竟該怎麼做才好呢？首先，我們必須拋開「我要填補對話空白」的想法。若是表現出來的親密程度遠遠超過平常的相處關係，可能只會造成對方尷尬與壓力。不妨從閒聊開始慢慢嘗試。

第一步，尋找輕鬆的話題。如前所述，比起政治、宗教、家庭…等極度私人的話題，「雙眼看得見的小東西」則比較適合開啟對話；可以從辦公室的新裝潢、對方的服裝（討論的方向當然是正面的）、辦公大樓附近新開的咖啡廳、公司附近的好吃餐廳…等，從那些眼睛看得見的實物與現象、事件開始聊起。

第二步，以任何人都有興趣的大眾媒體作為閒聊題材。近期火紅的電視劇或綜藝節目、新上映的電影或YouTube頻道…等，分享關於多樣媒體的話題。這些都是能夠自然連結至對方關心議題的好題材。輕鬆地詢問話題人物、報導、議題也是個不錯的方法。

第三步，由對方看起來感興趣的內容延續對話。從輕鬆的素材開啟多樣話題後，其實就可以察覺對方感興趣與能夠自然延續對話的部分。重點在於，藉由適當的提問與反應製造對話的「風向」。這種時候，務必格外留意別比對方說更多的話，反而導致對方進入「聽眾模式」。

無論是必須與不熟識的人打破尷尬對話的情況，或是與剛認識的人延續對話，對任何人來說都是件難事。只是，也請不要杞人憂天地對此感到恐懼——「我本來就是話少的人，東扯西扯一堆話題完全不是我的風格啊…」、「避免聊到一半說錯話，還是閉嘴好了」。

既不需要熟練地延續話題，也不必過度努力討對方歡心。光是懂得在保持適當距離的狀態，好好遵守禮儀就夠了。

尋找適合開聊的題材

1. 尋找雙眼看得見的話題。

2. 以多數人都感興趣的電視劇、綜藝節目…等作為對話題材。

3. 掌握對方喜歡的題材並藉此延續對話。

唯有經過挑戰
才能開啟下個階段

跨越對於自我的省察

世上不存在天生就擅長說話的人

　　偶然看見了鄭宇哲導覽員的演講影片。那段影片的內容是關於義大利著名畫家莫迪利亞尼（Amedeo Modigliani）。從畫家以韓幣兩千億寫下拍賣紀錄的作品，到畫家的人生、時代背景…等，令人津津有味的講解內容甚至完全感覺不到自己究竟收看了多久時

間。看著辯才無礙的他，我默默下了一個結論：「原來真的有天生就擅長說話的人啊……」

「導覽員」實際上與講師並無差異。關鍵在於，使用簡單、清楚的方式讓群眾能夠深入了解藝術家與其作品，以及自身的知識。除了淵博的知識外，講解能力也相當重要。據說，看似天生能言善道的他，曾經也是個不擅長說話的人；直到就讀大學的時期也幾乎不曾在大家面前發表報告，只因他的性格從來就不是那般外向。

那天，是他以導覽員的身份第一次站在群眾面前。在那個必須為百餘名群眾導覽一小時的場合，他僅僅講解了二十多分鐘便因將自己準備的內容忘得一乾二淨而下台。一場徹底失敗的演講。對他來說，站在群眾面前說話一事真的太難了，甚至也因此想過放棄導覽員的工作。垂頭喪氣的他，當時曾經對自己這麼說：

「不要放棄。因為如果就此放棄的話，這一切就

切就會成為『你』的代名詞。可是，當你見到自己不停挑戰並慢慢變得更好的模樣時，人們也會因此記得改頭換面以後的另一個『你』」

被自己的這番話深深觸動後的他，為了尋求更多能夠站在舞台上的機會，甚至連免費演講也來者不拒。經歷一次次的挑戰後，他也在不知不覺間成為了參觀者們信賴與追捧的導覽員。據說，就連參加過那一場看似失敗的初次導覽的人也依然會選擇他。

他也坦白表示，儘管自己至今仍對於要站在群眾面前一事感到緊張、害怕，甚至無論在累積多少經驗後都無法完全消除恐懼，但至少已經藉此學習如何處理不安的感覺。

只要有機會，無論如何都要大喊 Yes ！

以醫師、經營者、講師等多重身份進行活動的《將所學變成金錢的秘訣》作者井上裕之曾在自己的著作中提過「只要獲得提案，就該即時大喊Yes！」並且

強調「**一旦缺乏積極推銷自己的智慧，便不會有任何人發現你的存在。**」

　　若想將經驗與知識的層次推向更上一層樓的經濟活動，展現自己的存在即是首要之務。尤其當你接觸到既有工作領域以外的業務，則更是不可錯過的大好機會。現在要做的事已經夠繁重了，還要再找更多工作來做？而且還是新的挑戰？何必非得去碰新的領域，然後讓自己一嚐失敗的滋味…我曾經也是這麼想的。

　　當我在擔任空服員期間，第一次接到關於廣播教官這份工作的提案時，我也曾經反問自己「我既沒有學過任何教育學，也不曾教過說話或客艙廣播，怎麼可能去教別人？」然而，當我鼓起勇氣答應這份提案時，便開啟了一道嶄新的門。我不僅獲得了深度學習關於說話、聲音的機會，也終於在歷經無數挑戰後成為專家。

　　面對全新的挑戰時，我們總會陷入自我省察；而

我們對自己的評價，也往往是最難翻越的那座山。不過，據説在神創造人類時，祂便已將最美好的瞬間藏在恐懼之後。唯有戰勝恐懼的挑戰者，才得以品味人生最美好的瞬間。

12

我有
這樣說話嗎？

說話的元認知

聽一聽自己的說話方式後，給予客觀的分析

「手勢太大、太多，很妨礙說話的進行耶……」

「原來我很常使用不必要的連結詞！」

　　正式開始教官這份工作前，確認著模擬授課初次錄影結果的我，實在很難不被自己嚇壞。平時完全未曾發現的壞習慣，竟是如此顯眼。當時的我，仍是完全沒有準備好成為講師的人，而且如果以這種狀態授

課的話，想必也不可能滿意自己的授課內容。後來，我開始不間斷地努力，模擬了數次，也重複錄音了好幾次。只是，與努力不成正比的實力並沒有因此突飛猛進。眼看著一起被選進培訓中心的同事們實力一直出現醒目的進步，卻只有我還在原地踏步…自己也為此感覺挫折不只一、兩次而已。

於是，我整個腦海只有「說話」一事。我開始留心觀察大家的說話習慣，**並且嘗試理解表情與說話方式會如何形塑一個人的形象。**隨著身為教官的內功變得越來越紮實後，這件事竟然全面地影響了我的日常生活。

除了我之外，所有人都知道我的說話習慣

當認知到自己的習慣，便是改變的開始。近來廣為人知的「元認知」，其概念即是指意識到自己究竟知道什麼、不知道什麼。根據研究結果顯示，在頂尖的前0.1%孩子身上發現了一項特徵，即是懂得如何分辨這件事的能力——頂尖的前0.1%孩子有辦法清楚分辨自己知道與不知道，並且懂得為了補足自己的不足而努力。

提升說話習慣的元認知第一種方法，是將腳本錄音與確認。確認自己是否沒有支支吾吾，而是有自信地將內容完整傳達給對方，以及傳達內容是否與PPT或報告資料吻合、是否如實傳達重點內容、說話速度恰當與否⋯等。

第一次透過錄音檔聽自己的聲音時，多少會覺得陌生而尷尬。這是再自然不過的事了。即使對結果不滿意，也千萬不要就此放棄。重複的錄音與聆聽，不只能逐漸熟悉自己的音色，同時也可以藉此矯正不流暢的表達方式。

此外，也能透過錄影彩排確認一下手勢、視線⋯等語言之外的因素。逐一檢查自己的姿勢正確與否、表情會不會太僵硬、視線是否只顧盯著某處、動作是否自然、肢體語言會不會過多、雙眼是否會因為思考下一句話而往上翻白眼⋯等。

第二種方法，是詢問熟人或關係較好的同事、直屬上司並聽取他們的反饋。試著借用他人的客觀視

角，監督自己的說話習慣與態度。向他們徵詢自己的聲調是尖銳或溫和、是否能感覺語氣有力與充滿能量、有沒有明確傳達期望傳達的內容。來自身邊值得信任的同事的好意見，絕對是能滋潤我們成長的養分。如果不方便就近取得意見的話，亦可透過群組、社群網站的聚會與擁有類似煩惱的人進行交流，或是向專家求助。

說話方式與聲音都可以隨心所欲改變。期望創造出自己理想的形象與氣質，全看自己願意投入多少時間與努力。

提升自己說話習慣「元認知」的秘訣

1. 將報告資料或發表腳本錄音；藉由錄影確認手勢、視線…等語言之外的因素。
2. 詢問身邊的熟人或親近的同事、前輩，並聽取反饋；亦可參加相關群組、社群網站聚會，或求助專家。

13

即使是同一句話，
對方也可能理解成不同意思

使用氣氛傳達的韓式對話法

溝通的基礎：把話說好

　　在美國生活了十年後，三年前回到韓國開創事業的年輕CEO——A先生，近來最大的煩惱是「如何與事業夥伴、職員輕鬆對話」。過去在美國總能暢所欲言的A，在韓國需要考量的東西實在太多了；甚至連聽見稱讚時，都不知道該怎麼做出回應才恰當。為此悶悶不樂的他找上了諮商師，並開始學習溝通方法。

為了增加自己的力量而開始學習說話的人越來越多。如果說，過去大家比較在意的是如何在他人面前發表的演說技巧，那麼現在則是傾向聚焦於日常人際關係的溝通方式；如果說，過去申請會話相關課程的人是以企業員工或高層佔多數，那麼現在則是擴及年齡層更廣的上班族，其中尤其以社會新鮮人為主。

根據某家求職網站以大約六百名的上班族作為對象進行的調查，結果顯示在面對「在公司最沒有好感的人、最不想共事的人是誰？」的問題時，回答「無法溝通的同事」的人以25.7％佔據第一名。由此可知，**在組織內的溝通絕對是足以左右職場生活品質的重要因素。**

若想提升說話或溝通能力，回過頭來聽自己的說話方式是找到改善方法的一大關鍵。每個人的溝通方式都不一樣，因此唯有培養自己的器量才能廣納他人的說話方式。

「每個人的溝通方式都不一樣」代表的是什麼意

思？舉例來說，當上司向下屬指示「明天前」交出報告時，雙方的「明天前」可能是不同意思。雖然上司期望的是明天早上九點上班時準備好報告，但下屬認為的卻很有可能是「只要在明天下班前完成就好」。正因上司覺得具體指示「上班前準備好」太瑣碎了，所以才會期望下屬自己看著辦，自行判斷如何將時間運用到極致才是最有利的選擇。

在商場上，諸如此類的情況層出不窮。根據立場的不同，說話的「輪廓」或多或少都存在些許差異。尤其是偏好以陳述情況與脈絡為主，而非直接坦白自己真正期望的韓式說話方式又更是如此。透過氣氛傳達的「韓式對話法」，確實妨礙了職場需要的準確溝通。

美國人類學家愛德華・哈爾（Hall E.T.）在其著作《超越文化》（Beyond Culture）中，便提出了「高情境文化」與「低情境文化」的概念。所謂「低情境文化」是表達內容幾乎不存在弦外之音的溝通；相反地，「高情境文化」則是經常隱藏著與表達內容相反

意思的溝通。傾向重視個人主義的西方文化圈即是屬於低情境文化溝通，而強調集體主義的亞洲文化圈則則常見到高情境文化溝通的頻繁使用。

溝通時必須掌握未顯露的涵義與情緒狀態的原因，在於說話內容與其意圖往往不一致。這也是為什麼在情境之中覺察對方真正意圖的能力會被如此重視。精神科醫師文耀漢在著作《守好你的心理界限，療癒你的內在小孩》中認為「雖然韓國在傳統上是高情境文化，但時至今日也因為受到個人主義的影響，而出現了極大的差異」。**置身於多樣世代共事的組織化社會中，理解對方是以哪種情境的「尺度」進行對話，並藉以拉近彼此距離一事，絕對是能提高溝通成功率的策略。**

PART 2

使用拯救過我的
說話方式
贏得人心

我的話
不是那個意思

減少説錯話的三種方法

説錯話是自律神經系統的問題？

　　「唉，當時應該這樣説才對的…」每個人都曾有過因為脱口而出的失言而感到後悔的經驗。只是，各位知道自律神經的影響也是説錯話的原因之一嗎？在自律神經醫師小林弘幸的著作《我只希望你能輕鬆説話》中解釋道：「當自律神經失調時，便會出現因無法掌握氣氛而使用錯誤的説話方式釀成失誤或對對方

造成傷害⋯等情況」。

　　遍佈脊椎與大腦⋯等全身各部位的自律神經系統
能將人體內的心臟、內臟調整至最佳狀態，是協助我
們身體維持穩定的神經之一。自律神經系統可以分為
交感神經與副交感神經。當交感神經活躍時，判斷力
會隨之變好；當副交感神經活躍時，則能舒緩緊張、
感覺放鬆。因此，兩種自律神經必須保持良好的平衡
才行。自律神經會受到像是細微習慣或是環境、天
氣、對方反應⋯等多樣因素影響。接下來，將為各位
介紹穩定自律神經的簡單方法。

　　第一種方法，緩慢且深長的呼氣。呼氣的時間是
吸氣的兩倍長；使用鼻子吸氣三秒後，嘟起嘴巴緩緩
呼氣六秒。呼吸越長，越能完成深層不短促的呼吸，
且有助於保持平靜、穩定的語調。隨著血液在體內的
每個部分都能循環良好，自然就不會受到情緒操縱，
進而適當發揮自己的力量。

　　第二種方法，說話時保持姿勢正確。呼吸道的伸

展與自然延長的呼吸速度，有助於使用適當的說話方式。正確的姿勢也可以有效給予對方信任感。

第三種方法，說話不疾不徐。尤其是在發表或重要報告的場合，請務必預留充足的時間。保持從容，切忌急急忙忙地開始或無法及時回應對方的話。就算出現失言、不知所云、結巴的情況，也不必擔心，只要記得修正錯誤就好。唯有不失從容，才有辦法停止一錯再錯，並且再次回到談話的主題。

無論是發生了意料之外的事，或是背負著極大的壓力，生理的「恆定性」對維持心理平衡都有很大的幫助。平時試著保持良好姿勢，以及養成運動、冥想、正確呼吸的習慣。身體的平衡，亦能穩定自律神經系統。不想隨著焦慮不安或憤怒、緊張…等負面情緒起舞，首先需要的即是能夠穩定心靈的那份從容。

會做事的人，
通常都懂得傾聽

**主動傾聽，回溯
（Backtracking）**

面對資訊過多而難以專心的時代，傾聽才更具價值

晨會時間，朴次長指示崔主任準備一份關於下半年度的顧客滿意度改善方案。崔主任心不甘情不願地想著：「和上半年度哪有什麼不一樣？」於此同時，他的Apple Watch傳來提醒。悄悄瞥了一眼，發現是

朋友打算取消今天晚餐約定的訊息。就在他短暫陷入沉思著「怎麼回事？」的期間，會議已經結束了，所有人也都各自回到座位展開一天的工作。「沒聽到結尾耶⋯我的理解應該正確吧？再問一次的話，鐵定又會被次長唸東唸西。」於是，崔代理便直接回到自己的座位了。實際上，朴次長的指示是「使用與上一次不同的處理方式」。崔主任準備的報告資料與朴次長期望的內容大概會是截然不同的兩回事吧。

　　每天都有無數的提醒剝奪著你我的注意力。通訊軟體、簡訊、公事E-mail、各種社群軟體的通知，甚至還有戴在手腕上的智慧型手錶，我們無疑就是生活在各種通知的洪水之中；而我們薄如紙的注意力也就如此輕易地隨之飄動著。光是要專注在一件事上就已經這麼困難了，面對自己不感興趣或認為毫無意義的話語時，當然也會加倍容易分散注意力。就連參與工作會議或聽上司下指示時，也會出現相同情況。如果是像崔主任一樣，在瞬間失去專注或沒有聽清楚的話，務必得請求對方再說明一次。比起亂七八糟的報告結果，稍微聽一下訓話絕對是更好的選擇。互動，

也是工作的一部分；唯有確實聽懂，才能給予精準的反應。一旦沒有確實聽清楚，自然就無法正確傳達，甚至可能做出不適當的反應破壞氣氛。

主動的傾聽習慣：回溯（Backtracking）

回溯（Backtracking）指的是藉由重複、複製對方的重點詞彙，向其表示共鳴與獲取信任的方法。雖然是再簡單不過的技巧，但單憑簡要重複對方說過的關鍵字與自己的理解，便能使對方產生「這個人有聽懂我說的話」的想法。指示業務的人，往往都會好奇對方到底有沒有理解自己說的內容。如果懂得從上司的指示中整理出自己理解過的內容並且進行回溯，不僅可以達成準確的溝通，也能有效提高信任度。

金副理：朴課長，下星期需要季度業績報告，所以我們得在這星期準備好資料。你稍微整理一下業績報告需要的資料後，交給我。

朴課長究竟該怎麼回答才是最好的方式呢？

朴課長：是的，副理。我會在這星期前準備好。
（╳）

朴課長：是的，副理。季度業績報告需要的資料是一月至三月的總銷售額明細、產品目標客戶和滿意度數據，對吧？（○）

金副理：對。

朴課長：什麼時間交給您會比較方便呢？

金副理：麻煩你在這個星期四前把蒐集、整理好的資料給我。因為我得在星期五先確認一下，才能在下星期報告。

朴課長：了解。我會在星期四下班前交給您（★★★）

　　最簡單的回溯方法，即是重複對方說話的結語或關鍵字。**提升溝通技巧的捷徑不是變得擅長說話，而是懂得擅長傾聽；而回溯就是最好的傾聽方法。**不過，過度使用時會令人感覺刻意，因此建議適時活用為佳。

 回溯的四種方法

1. 重複對方說過的關鍵詞彙、內容。

2. 當對方以情緒而非話語表達時，請選擇能夠使其明白自己優

　勢的合適詞彙進行發言。

3. 將對方的話摘要與整理後進行總結。

4. 提出輕鬆的問題使對話得以延續。

如何
設計問題

聰明人的提問方式

提問的力量不容小覷

　　提問，是溝通的核心。經常聽人說「提問很重要」，但每當聽見這句話時，我總會默默思考「答案不是應該比提問重要嗎？」然而，**好問題其實才是引導我們抵達期望目的地的重要指南。**

　　對韓國人而言，提問尤其困難。無論是在研習

或會議時間，當主講人說「如果有任何問題，歡迎提出來」時，基本上也不太會有人發問。不發問的人，大概佔了九成以上；要不是擔心問錯問題搞砸場面，要不就是恐懼自己會成為誤判氣氛的那個人。我想，韓國社會根深蒂固的低調文化，或許正是營造「不提問」風氣的推手。

適當提問是做好工作的絕佳方法。不過，也得留意重複詢問相同問題太多次時，有可能會引起負面評價這一點。

Thin Question 與 Thick Question

Thin Question，指封閉式問題；Thick Question，指的則是開放式問題。Thin Question是必須以「是」、「不是」回答的問題。相反，Thick Question則不是單靠簡答就能回答的問題；換句話說，即是給予思考空間的問題。據說，在美國矽谷的小學課程中，有堂必修課是關於培養創意的提問方法。以提問培養孩子創意的猶太教育法也相當出名。像是與孩子們看完巴

西亞馬遜雨林大火的報導後，與他們討論氣候危機的相關議題，或是與他們聊聊「有機會見到總統的話，你想和他説什麼？」等，皆是有助於拓展孩子思考能力的問題。假如提問的目的是為了斷定真偽或評價能力的話，那麼任誰都難免會怯於回答。一個偉大的問題，甚至足以開闊一個人的思考與整個世界。然而，對你我來説，更需要的則是有辦法改善思維與引導判斷的好問題。

好問題的重要性不僅限於教育領域，在商場上更是舉足輕重。舉例來説，假設在公司內部的問卷調查結果顯示，競爭公司的B服務比自己公司的A服務獲得使用者更好的反應。若開會討論相關內容時只顧著探究「為什麼A服務不受歡迎？」的話，整場會議可能就在列舉完A服務的缺點後便宣告散會。可是，如果能試著詢問那些少數認為A服務比較好的人「優勢是什麼？」或許就能藉由分析A服務的優點，順帶推測出其他多數選擇B服務的原因。

若懂得使用提問向上司徵詢意見的話，既可以自

然地展現自己完成的工作，又可以表達自己對工作的熱忱。在提出「這些是我目前正在籌備的部分，所以想向您請教一下準備方向是不是正確。如果想要做得更好，我是不是能再加強些什麼？」的問題時，上司反而會以輔助者的身份看待我們，而不是評價者。

04

有關係（Rapport）
就是沒關係

建立穩固的關係

共鳴無關年紀

　　起初開始負責新進空服員的教育時，我最擔心的部分就是溝通。「我和他們的年紀差了十五歲，真的有辦法順利度過這段時間嗎？他們會不會覺得我倚老賣老？」

　　儘管期間已經和許多學弟妹一起飛行工作過，也

實際有過在訓練中心指導新進空服員的經驗，但一想到自己得面對剛從大學畢業的新鮮人們，腦海中還是忍不住浮現各種想法。

終於到了第一次單獨面試的時間。我剛好藉著這個機會與他們聊聊進入公司後的生活如何，順便問一問會不會覺得訓練過程有什麼困難，假如需要任何幫助，也歡迎隨時提出來。好不容易才順利通過就業高門檻的他們，大多都是抱持著喜悅、興奮的情緒，同時卻也難掩得重新開始適應陌生環境的憂慮。由於他們和我才認識不到幾天，可以看得出來他們有些尷尬、不自在。在建立起關係（Rapport）前，這一切都在所難免。在法文中意謂著「關係」的「Rapport」，指的是帶有信任感與安全感的親密狀態。**如果關係建立得不好，自然很難期待能有良好的溝通。**

將他們視作親弟弟、妹妹的我，一直觀察與關心著他們有沒有發生任何不適或遭遇什麼困難。慢慢累積關係的時間，說長不長說短不短，轉眼間三個月的

訓練期也就這麼結束了。結訓日當天，現場儼然化成了一片淚海。直到那時，我才第一次知道自己原來是個這麼會哭的人。當見到學弟妹非但已經在不知不覺間變成對飛行生活適應得很好的像樣前輩，甚至還蛻變成為我身邊厲害的同事們。

　　對空服員來說，從事這份工作久了，自然就會練成看人的本領——因為我們經常得在極短的瞬間準確觀察乘客的表情、行為…等，以便採取適當的應對措施。哪怕只是做好「溝通」這一件事，都可以大幅降低可能在飛行期間發生問題的機率。更不必說，若能與乘客建立好關係是多麼有助於溝通了。

建立關係的心理狀態觀察法

　　有時，語言之外的信號比說話來得更精準。當對方口中說著「沒關係」，卻於此同時輕嘆一口氣或顯露皺眉的表情，代表其心理狀態與話語不相符的機率極高。不過，我們反倒是經常沒有意識到語言之外的信號。**比起話語，我們更應該掌握肉眼看得見的線索**

來判斷當下情況並延續對話。從另一個角度來看，我們也得明白自己同樣在無意識中，向對方顯露自己的內心情緒。因此，不妨檢查一下自己是不是也會不由自主地扁嘴或嘆氣、使用不耐煩的語氣說話。

掌握觀察線索

・臉部與四肢的活動…等姿勢、行為變化

・臉部漲紅或頻繁眨眼…等表情變化

・呼吸深淺程度、憋氣…等呼吸變化

・語速、語調…等聲音變化

05

單憑模仿就能成為
讓人有好感的人

先觀察後模仿的溝通方法，
映現（Mirroring）與呼應（Pacing）

表達好感的動作模仿

　　任何人都一定有過一、兩次這種經驗。在咖啡廳
與某人在相同時間點喝飲料、有人的東西掉在桌底時
會與對方同時彎腰去撿…越是親近的人，越容易自然
地發生這種情況。對某人的姿勢或肢體語言、身體動
作的配合行為，即稱為映現（亦可稱為鏡像效應）。

即使身處在氣氛嚴肅的場合，也可以善用「映現」來適度解除對方的戒備並且迅速拉近彼此的距離。在此，必須格外留意的一點，是當配合對方的姿勢或動作看起來像在模仿時，則可能會出現反效果。這項技巧的關鍵在於對細微動作的映現，而不是過度地模仿肢體語言。

如果說映現是跟隨某人做出相同的動作或姿勢，那麼呼應則是透過配合對方的情緒狀態、說話藉以表現好感的方式。呼應，亦可說是比映現來得更高層次的方法；此時，說話的速度與方式、音量…等，都是需要仔細觀察的部分。

人通常會對與自己相似的人感到自在、親近。而這點，也能立刻與好感產生連結。**配合對方的說話速度，是呼應技巧中相當具代表性的例子。**假如我平常是個說話很快的人，自然就會對於對方的說話速度感到不耐煩，而對方也會很容易覺得我的說話速度咄咄逼人。於是，可能會因此做出「這個人性格太急了，是和我不太一樣的人，應該合不來」的判斷。若想展

現對對方的好感，首先得在觀察對方的說話速度、音量後，同時檢查一下自己的狀態。**善用呼應，不僅能讓對方感覺受到尊重，對方也會因為覺得彼此溝通良好而樂意敞開心房。**

呼應因素檢查表

- 聲音：聲音大嗎？小嗎？
- 呼吸：呼吸的時間點是什麼？深呼吸嗎？淺呼吸嗎？
- 情緒：觀察使用的詞彙與比喻，並確認情緒狀態。

在建立關係的方法「映現」與「呼應」中，其實存在共通點——需要細膩關心與觀察對方。試著留意對方的行為、動作、表情、呼吸說話方式…等。只要可以掌握一個人的說話方式與行為的細節，基本上就已經達到成功贏得好感的一大半了。

光是問候
就能提升好感度

問候賦予的力量

形塑第一印象的問候

　　對於空服員來說，關於「問候」的訓練教育極為重要。問候，不單純只是用來歡迎乘客的禮儀，同時更可以視作我們提供給乘客的首項服務。在新進空服員的訓練課程中，我們總是會以鄭重其事的態度在早、晚簡報時間進行有關問候的練習。即使是在公司

裡，在見到同事或學長姐、學弟妹時，不等誰先開口的問候更是基本。

　　首先開口進行問候，是積極建立形象的方式。問候時，不需要多麼誇張、華麗。如果能再加上一、兩句話展現親切感自然是最好，但若覺得這個行為有些尷尬、不知所措的話，那麼也不必說太多話，或是刻意提高音量凸顯自己的存在。

弱連結的威力（The Strength of Weak Ties）

　　根據美國經濟社會學家馬克・格蘭諾維特（Mark Granovetter）的哈佛大學博士論文《弱連結的威力》（The Strength of Weak Ties, 1973）顯示，當人們在找新工作時，百分之二十得到機會的管道是來自強連結的親近朋友或家人，百分之八十則是透過點頭之交的弱連結。光是平常以開朗的表情先一步進行簡單問候一事，都足以與人建立弱連結。希望各位**都能將「隨意打聲招呼，或許都會成為未來的潛在機會」這點銘記在心。**

然而，我們卻很忌諱打招呼。基於擔心氣氛瞬間凝結、對方可能不接受自己問候的不確定性⋯等各種理由，導致自己也在不知不覺間變得怯於主動打招呼。有次，我的兒子向一位在電梯裡相遇的老人家打了招呼，對方卻沒有任何反應。隨後，孩子用著摻雜了沮喪與失落、尷尬的眼神望向我。心想「孩子主動對你打招呼就該給點反應吧，怎麼會連理都不理呢⋯」的我，直到對方離開電梯後才開始安慰孩子。雖然不是什麼大不了的事，但當自己表達的善意被他人漠視時，我們依然會因此受到小小的傷害。

　　我曾在某個討論寫作的平台讀到一篇關於「認真打招呼」的文章。曾經在印度短暫待過一段時間的文章作者，每天晨跑時都會與住處附近的每個人打招呼。約莫經過一星期後，迎面而來的那些人開始先一步展露笑容與作者相認，並且主動上前問候；甚至還有人特地準備了小點心給作者。明明只是打了個招呼而已，卻能感受到如此友好的情感。假如對方對自己的問候沒有任何反應時，我建議可以採取以下的應對方式——「可能沒聽到我的聲音吧」、「大概沒有看

到我在打招呼吧」，然後一笑置之。接著，再繼續向
其他人打招呼吧！

　　一個老是消極於問候他人的人，有可能建立起積
極的人際關係嗎？永遠不要忘記，**「打招呼」這個小
習慣可能會為你我的人生帶來意料之外的改變。**

　　除了人際關係外，還能創造人生機會的「問候」，
到底該怎麼做比較好呢？首先，在問候他人的同時注
視對方的雙眼。這也是在猶豫著該不該打招呼時的最
佳時機。與對方四目相交的瞬間，即刻開口問候。打
招呼時，也請不要支支吾吾，而是要準確地完成整件
事。如果有辦法看著對方的眼睛，再加上幾句簡單表
達關心的話語，自然是更好不過了。像是「組長，早
安！週末的露營玩得還愉快嗎？」之類的輕鬆問候，
都足以為人帶來一個美好的早晨。此外，也試著經常
向在公司遇見的警衛、清潔人員打聲招呼吧。如果老
是因為害怕尷尬、難為情而不實際行動的話，只會讓
這件事變得越來越困難。

美麗的嘴型
打造美好的話語

嘴型展露了心思

光是看嘴型都能知道即將說出口的話

「學姊，你知道嗎？你每次要說有趣的事之前，嘴巴都會先笑耶！」

「哈哈哈，有嗎？可是，你自己也是啊！」

嘴型，代表著一個人即將說出口的想法、內容。

在「嘴」這個字後加上意指「形狀」、「姿態」的「型」字成為「嘴型」一詞後，即意謂著嘴巴的型態。心情愉悅時，嘴型會跟著微笑；心情煩燥時，嘴型也會跟著不耐煩。恰如我們看著沒有字幕的美劇時，也能單憑演員的嘴型大致推測出那個人的語氣一樣。

本身性格謹慎、一絲不苟的人，說話時的嘴型看起來也顯得格外幹練。如果身邊有平常很愛抱怨的人，不妨試著想一想他們的模樣——通常都有著憤世嫉俗的嘴型。

我在進行廣播訓練教育時，也會從空服員們的嘴型開始觀察。原因在於，發聲、發音都會隨著嘴巴的模樣而變得不同。懂得發自真心微笑與聲音真誠的人，往往也都能做好廣播工作。

逼不得已才做的人、受不了學長姊或上司的糾纏才勉強參與教育訓練的人，單憑嘴型就能看出他們的厭世感。**嘴型會如實且透明地呈現一個人的內在情緒，因此我們很難刻意控制自己的嘴型。當我們說出**

好聽的話、積極的話時，嘴型自然也會隨之改變。

或許有人會問「難道嘴型不是天生的嗎？」因為嘴型必須按照說話的詞彙活動，所以我們要控制嘴型呈現出自己理想形狀的這件事絕不容易。連我自己也經常對自己的嘴型感到不滿意；明明上課前已經多次確認過自己的姿勢、表情、妝容，並且像是整理儀容般將嘴型打理成愉悅的模樣，卻很難整堂課都一直維持這樣的狀態。因此，我才更加意識到自己該對嘴型負責任。

如同「一個人要為自己上了年紀以後的長相負責」這句話一樣，「嘴型」亦是如此。試著調整自己嘴型的同時，一併調整自己的說話方式與行為。不是有個詞叫作「吸引力法則」嗎？**擁有愉快、美好嘴型的人，往往也會吸引更多與其相似的人。**

因為口才不好
而經常感覺吃虧的話

靈機應變的說話訓練法

靈機應變是也能被訓練的能力

在大企業Ａ公司上班的Ｋ雖然外型出眾且工作能力也相當傑出，卻有一個弱點——報告恐慌症。

從學生時期就十分熱愛網球的Ｋ，在得知公司有網球社團後，便立刻報名加入。直到此時，他都未曾想過會因為自己的弱點而使得加入網球社團變得如此

困難。就在出席社團的大型聚會那天，主持人將K叫到講台前。

　　主持人：您好。您笑起來的樣子很誠懇耶，讓人印象很好。請問是哪一組的組員？

　　K：（怎麼辦？我什麼都沒準備⋯）啊，是的⋯我是企劃管理組的○○○。

　　主持人：歡迎！○○○，麻煩您自我介紹一下。像是您是什麼時候加入公司、有沒有女朋友（笑）、為什麼想要報名參加社團之類的。我看了一下您的報名表，對網球的熱情很不得了喔，可以和我們詳細聊一下這部分嗎？

　　K：喔，好⋯我是2019年度⋯一開始是先加入了研發組，沒有啦⋯這個不重要，後來又去了別組⋯然後才在2019年度加入企劃組。網球喔⋯其實⋯那個⋯⋯本來我對運動⋯然後⋯沒有⋯女朋友。

　　主持人：好的，看來是我的提問來得太突然了。不如我們稍等一下再繼續吧？我們接下來先和L聊一聊。

走下講台的K實在覺得自己太丟臉，甚至連想打網球的念頭都消失了。再次對口才差勁到這種地步的自己感到無比失望。類似的事件，並不只是發生在K身上的問題。存在「我好想在從容地在群眾面前說話」、「真希望自己無論在什麼地方都能抬頭挺胸、不畏縮地說話」…等想法的人，其實很多。我想在此告訴那些認為口才是與生俱來的能力而連嘗試都不願意的人，不妨先試著從自己做得到的部分開始吧。

說話與運動一樣，絕對需要投入一定的時間才有辦法達到某種水準。如果是新手，更不要期待所謂的運氣。沒有任何初學者打從一開始就能展現超凡實力，必須按部就班地練習才行。

培養隨機應變能力的說話訓練法

第一種方法，與聊得來的人一起談論特定主題。再怎麼不會說話的人，身邊至少也有一個可以自在聊天的人。試著與自己聊得來的人、支持自己的人、對自己說的話有共鳴的人一起聊一聊有興趣的主題或議

題。提前決定聊天主題後，事先準備好自己要説的意見或根據也是個不錯的方法。藉由與親近的人多練習幾次後，一點一滴累積成就感。

第二種方法，模擬情境。尤其是面對必須進行發表或在正式場合發言的情況時，建議務必使用手機或攝影機錄影；這是獨自一人也可以完成的高C/P值方法。只要透過回顧錄影畫面的過程，嘗試努力改善自己的不足之處，往後便能以更好的狀態完成正式場合的發表。

不是只有天賦才是武器，唯有憑藉努力改進自己不足的人，才能取得比任何東西都來得珍貴的武器。 韓國首席講師金美京創辦人曾説：「許多人認為所謂的『能力』都是與生俱來的，但事實上，絕對不是。我也經常感到恐懼，尤其是當面對初次接觸的演講主題時，我更會加倍練習。世上沒有什麼自然而然的事，有的只是不間斷的練習與努力。」

我同樣也不是能言善道的人。尤其是在剛結束育

嬰假後復職的那段期間，我甚至連與飛機上的客人應對進退一事都感到無比尷尬；而現在，我卻有辦法訓練無數空服員，並且站在不同年齡層的人面前進行演講。甫成為教官的前期，我可能連發揮自己能力的十分之一都覺得好難，但累積了幾年經驗的現在，我已經變得從容不少。無論在任何地方都能暢所欲言早已練習過無數次的內容。

　　第三種方法，像電視節目主持人一樣，向他人解釋日常情況。舉例來說，可以在準備料理時模仿一下美食節目會出現的廚師，試著解釋料理的過程吧？將今天打算做什麼料理、需要準備什麼材料、如何切或磨這些食材、味道如何⋯等過程逐一說明。除了料理之外，也可以在散步時、開車時、日常任何時刻嘗試描述一下自己的情況與周圍環境。

　　第四種方法，養成寫筆記的習慣。試著整理一下自己讀過的書、喜歡的文句、點子；建議可以寫在社群軟體、便條紙、日記本⋯等。如果想要會說話，首先得要學會整理思緒的方法。熟悉將紊亂的想法組織

化後，便能減少語無倫次的頻率。這件事不可能在一朝一夕間改變，需要透過一點一滴的累積，才能組織成自己獨有的説話方式。

某位我視為人生導師的作家曾説：「其實我不是一個喜歡説話的人，但隨著拍攝YouTube時的一次次寫作與閱讀的過程，我的話也變多了。」

最後，我想在此向那些覺得自己好像再怎麼努力也沒辦法改善口才的人説幾句話。**完全不需要為了自己説話不流利而感到自卑、畏縮。最矛盾的是，正是因為想要會説話才變得更不會説話。**

真正重要的是溝通的態度。溝通，終究是為了交流。**所謂的「會説話」，並不是獨自一人的滔滔不絕，懂得如何像傳接球一樣的一來一往進行對話才是關鍵。**

就算不太會説話也沒關係，只要慢慢挑選好詞彙，然後以自己的節奏説話就好。當累積了足夠的經

驗值，口才自然就會逐漸變好，進而在某個時刻成為
一位「會說話」的講者。

培養隨機應變能力的說話訓練法

1. 與聊得來的人一起談論特定主題；事前先準備好與主題相關
   的意見或根據。

2. 模擬重要的發表；確認錄影畫面，並努力改善不足之處。

3. 嘗試描述與談論日常情況、周圍環境。

4. 養成筆記書籍文句、點子的習慣。

不擅於拒絕
並不代表善良

聰明拒絕他人的技巧

不懂得説話拒絕的人們

【範例一：以「人很好」聞名的金主任】

　　崔課長：金主任，這次中秋連假有什麼安排嗎？

　　我要回自己家和娘家，所以連假最後一天可能有

　　點難值班耶…是不是可以拜託你值那天的班？

　　金主任：課長，我今年中秋得去一趟醫院…

崔課長：唉唷，金主任不還是單身嗎？自己家回去一下就好，單身男生無所謂吧。你什麼時候要去醫院？最後一天嗎？

金主任：不是，倒不是最後一天要去啦……好吧，我本來是打算最後一天好好休息，然後準備開工的，但課長應該也很忙…我會來值班。

崔課長：太好了，謝謝。還好有金主任啊…

【範例二：只要去百貨公司就會買些不喜歡的東西回來的Jenny】

店員：這個風格很適合您耶，這個版型穿在您身上很好看。除了這件之外，我們還有其他款不同材質但版型比較飄逸的裙子，應該也會很適合喔！要不要試穿看看？

Jenny：啊…謝謝。真的滿好看的。（天啊！我居然在這裡待了三十分鐘，也試穿了好多件，是不是該買一件走？）

店員：現在是優惠期間，現買現賺喔！您可以慢慢挑。

Jenny：喔…好。（下個月也要參加朋友婚禮，先買起來放好了？反正本來就因為沒衣服穿打算要買的）麻煩幫我打包這件。

店員：好的，沒問題。您一定不會後悔的。

　　金主任與Jenny都屬於不擅拒絕的類型。面對他人的困難或請託時，很難假裝不知情；而最重要的是，自己會因為害怕傷害對方而願意嘗試任何方式提供他人協助。即使是在勉強自己的情況下，甚至還會為了避免尷尬或矛盾說服自己。像是金主任覺得崔課長比自己累、忙，Jenny以「反正下個月去喝喜酒也需要新衣服」合理化自己的行為。

　　請先考量自身所處的情況與情緒狀態、業務範圍等。我們既不可能百分百協助他人期望的一切，也沒有這個必要。**假如一直不面對「無法拒絕請託」的心態踩下煞車，人總有一天會過載。**為了處理他人拜託的事而導致自己真正負責的業務受到延誤，或是因為在意他人的臉色而不斷拖延拒絕的時機，等到最後一刻才不得不向對方解釋拒絕的原因，都有可能反而招

來批評聲浪。

明哲保身的拒絕方法

當他人的要求太過分時，究竟怎麼做才是在不傷害對方的同時又能聰明拒絕的方法呢？

第一種方法，表明自己需要考慮一下，並且告知對方明確的答覆時間。爭取時間判斷自己究竟該不該答應對方的要求；而對方也能在這段期間重新思考一次自己是不是該請託別人完成這件事。與其當下拒絕，深思熟慮的過程其實也是讓對方有心理準備接受拒絕。

在【範例一】中，假如崔課長是一而再地要求幫忙，極有可能就是在利用個性好的金主任。越是欣然接受，只會讓請求的情況變得越頻繁。再加上，一旦不斷給予諸如此類的善意，卻在某次不得不拒絕對方時，反而會引起更大的不滿。以金主任的處境為例，比起當下答覆崔課長，以「要麻煩課長稍等一下。我

查詢行程表後，盡快在下班前給您答案，好嗎？」的方式回答後爭取一些時間會是更好的選擇。推延答覆這件事本身，基本上已經等同於拒絕。因此，隨後再表明拒絕時的壓力也會比較小。

不妨也讓在【範例二】中，覺得店員花了很多時間親切招待自己而感到愧疚以致於買下衣服的Jenny也試一試「爭取時間」的策略吧？「我很喜歡您推薦的衣服。不過，這是我第一次來這間商場，我想要先逛一圈再過來。」

假如能以這種方式回答的話，或許就能帶著稍微舒坦些的心情離開商場。無論店員再怎麼友善熱情，也比不上自己的存款餘額重要。

第二種方法，先聆聽對方的苦衷。雖然對他人提出請求時也有所謂的輕重緩急，但多半應該都是真的面臨了難題。雖然對方開口求人並不容易，但懂得先同理對方的處境其實也很重要。如果能夠認真聽完對方的苦衷後，再有禮貌地拒絕，多少都能舒緩一下對

方的情緒，至少不會因為拒絕而破壞雙方關係。

　　第三種方法，使用能夠說服對方的理由拒絕。面對職場上司的無理指示或請託時，基於上司與下屬間的這層關係，讓人實在很難出言違抗。這種時候，不妨試著想一想「因為」一詞，然後提出讓上司有辦法接受的理由。舉例來說，當上司指示在不合理的時間內完成報告時，首先不要顧著立刻埋頭處理，而是向對方提出不可能在指定時間內完成報告的具體理由；像是必須要求合作廠商額外提供資料，或是需要更多時間整理數據結果⋯等，都是足夠說服對方的理由。

　　這不只是單純在耍小聰明，而是當上司的指示真的不可能完成時，則必須嘗試引導他們改為實際可能完成的類似指示。起初不吭一聲便執行指示，卻在最後關頭才意識、回報自己無法如期完成，反而會顯得對自身工作的管理能力不佳。

　　另外，若是不合理的合作要求是由其他部門提出的話，提及制度或流程則會是個不錯的方法。原因在

於，在重視報告與層層批准的社會組織中，這點絕對是值得被理解的理由。此時需要格外留意的一點，是避免讓一切看起來像是把責任推卸給程序問題。如果經過審慎判斷後，確定是必須拒絕的事，也不要拖延太久，儘速表明拒絕的意思。

懂得聰明拒絕的人，平常大多也都能有條理地處理好生活的大小事；換句話說，他們有辦法清晰善用自己有限的時間與能量。**不拒絕，不等於善良，而是對自己的不敬。**

10

説話
見人品

連話語與態度都耀眼的人

留意你的言行與態度的人不在少數

「你們知道我是誰嗎？想知道現在這樣搞，我可以把你們怎麼樣嗎？」

乘客大發雷霆。為了攜帶超重的行李上飛機而在機場爭執了一陣子。不知道是不是因為怒氣未消，飛行途中也一直找碴，甚至明目張膽地對空服員説出侮

辱性的話語。儘管飛機依然在喧鬧中順利降落，但當天值班的空服員們卻無一不是身心俱疲。等到挑起爭端的乘客一下機，其他乘客們便紛紛向空服員們說「辛苦了」，而其中一位的發言更是令我印象深刻。

「那種人不知道自己的言行終有一天會回到自己身上。自己的福田得自己耕耘才行啊……」

話語與態度形塑了我；而我的言行填滿了我的人生。連一丁點損失或不方便都不願接受的態度，最終便成了他人眼中的無理取鬧。

連話語與態度都耀眼的人

· 面對上司時：「天啊，總經理，也太久不見了吧？這段時間過得還好嗎？氣色看起來好像又更好了耶！」
· 面對客人時：「老闆，我們為您準備了最好吃的牛排。讓我為老闆推薦一下，您可能會喜歡的搭配紅酒。」

‧面對後輩或下屬時：「○○○，你剛剛沒聽見我說
的話嗎？因為我們沒差幾歲，你就不當我是前輩
嗎？我當菜鳥的時候，可沒像你這樣，不懂得自動
自發就算了，至少也該做好吩咐的事吧？」

　　你我身邊常見的，多半是在不同情況下改變態
度的那種人。假如這種經常隨著不同對象、情況改變
話語與態度的人是職場前輩或上司的話，那麼上班時
與置身地獄沒什麼兩樣。對待後輩或同事態度惡劣的
人，永遠不可能與他人建立彼此信任的關係。

　　與我一起共事的教官中，有位「心地特別好」
的學妹。無論是人品或實力，完全無可挑剔。有次，
我們在教官聚餐時聊到關於AI算命的事，於是大家便
開始用起手機程式算命。看見那位學妹沒有跟著玩，
我就隨口問了問原因。她說：「反正一定是超級好命
啊，根本不用算！」大家也因此被既幽默又充滿正
能量的她逗得呵呵大笑。另一次則是我不小心在她在
特意打扮的漂亮服裝上沾到了顏色明顯的食物。沒想
到她反而對著驚慌的我說：「學姊，沒關係啦！弄不

掉的話，再買一件就好。剛才灑出來的那些其實是錢耶！」然後露出燦爛的笑容。任誰都知道她說這番話不是因為花錢不懂節制，而是為了安撫對方的情緒。時刻保持輕鬆、愉快的說話方式，更是讓她散發出一股誰也無法隨便輕視的氣質。這種說話方式，如實地呈現了她無論置身任何景況都能維持穩定且絕不崩潰的強悍內在。

話語的力量，其實強大無比。說話方式反映一個人內在的同時，也形塑了人心。試著努力多說好話吧。最後，將為各位介紹兩種可以帶來正面效果的說話方式。

第一種，面對老是拖延且完全不想碰的事時，試著說一句「沒什麼大不了的」。說完這句話後，就會感覺自己對「麻煩事」的抗拒心理減少許多。很多事都是只有起頭難而已，真正開始做了之後，其實大部分都比想像中來得更快解決。我身邊有位人人公認的「會做事的人」，他表示自己每天上班的第一件事就是處理自己最討厭的那些工作。如此一來，不僅可以

藉此獲得成就感，接下來的一整天也不必再背負著必須處理這些事的壓力，甚至還能以更輕鬆的心態面對剩下的其他業務。越是令人倍感壓力與難熬的事，越該在著手前唸一唸魔法般的咒語──「就做吧，反正也沒什麼大不了的。」

第二種，當提出要求時，我們真正需要表達的是感激，而不是懇求。有次，我向那些經常給予協助的相關單位職員說了句「謝謝各位每一次的幫忙」，而不是「麻煩了」。原本只是句不帶任何期待的話，沒想到竟得到這樣的回應：「不客氣。您負責的業務量真的很多，一定很辛苦吧？只要是我們能幫上忙的部分，都會盡量給予協助。」後來，事情也確實在期限內順利完成了。感激之情實在難以言喻。

塑造有自信的
說話方式

勇敢自信的心態預設值

自信感具有吸引人的力量

人們總是會為真誠與自信的態度著迷。所謂的真誠，包含足以表達真心的表情與態度，以及聲音。**當聲音聽起來肯定、值得信任時，期望傳達的訊息也會變得更具說服力。**如果一個人篤定與確信對自己說的話，其聲音與態度、說話方式也會自然地沾附著這

股自信感。不要單純因為不喜歡自己的聲音而錯過報告的機會，或是對說話沒有自信而選擇躲在一旁。**聲音，就像是顯現心理狀態的氣壓計。調節心態，是最重要的事。**讓我們為自己安裝好「我自信且勇敢」的心態預設值吧。

愛與關心的聲音

當我們喜歡自己的聲音時，便會毫不遲疑地發出聲音。隨著經常發出聲音後，我們也能藉此觀察自己的聲音；可以的話，徵詢他人的反饋（音調是否微弱或高亢、急促…等）也是個不錯的方法。

我同樣也不是打從一開始就喜歡自己的聲音，甚至還曾想過「真希望自己的發音可以好一些」、「如果有辦法發出更有層次的聲音就好了」。儘管頂著「符合客艙廣播標準」的廣播教官頭銜，但我也有過無數次想找個洞鑽進去的時刻。然而，一直秉持著這種態度非但不會增加我的自信感，反而會變得沒有辦法再去教導任何人。

心想著「繼續這樣下去不行」的我，於是決定花時間好好聽一聽自己的聲音。我不僅重新細聽自己做過的客艙廣播，也試著將新聞報導、喜歡的書籍文句一一錄音並重播。我不斷地檢視自己的聲音，並且試著努力從中發掘優點。後來，才漸漸開始感受到自己聲音的魅力所在。從前忌諱著讓任何人聽見的這把聲音，如今卻已經充滿著自信與真誠，我對此也感到相當滿意。

　　就像健身時需要透過「目測體態」持續觀察自己的身體一樣，我們同樣也需要使用錄音的方式反覆確認自己的聲音。無論是錄些自己寫的文章、喜歡的句子、增加自信感的喊話…等都可以。就從喜歡自己的聲音先開始吧！如此一來，便能順利在與他人溝通時發出迷人、自信，並且富有自我獨特色彩的聲音。

PART 3

悦耳的聲音
並非天生，
而是後天創造

聲音
也有「面相」

和眼神一樣重要的聲音

決定第一印象的聲音表情

「你知道嗎？聽説，有負責看面相的人會以面試官的身份進來替面試的人看面相。説是不要選那些會讓飛機發生墜機意外的面相？」

「怎麼可能！連這也能看面相就知道？」

這是當時和我一起準備報考空服員的朋友説過的

話。儘管現在已經知道這不是事實，但當時對各種情報都很敏感的我，真的曾經半信半疑地想過是不是該去看一下自己的面相。

即使沒有到看面相的程度，但我們確實會在第一次見到某個人時說出像是「那個人面相很好」、「面相不太好」之類的評論。人們傾向對那些讓自己產生好感的人敞開心房，甚至也有不少人為了擁有好面相而選擇尋求手術的幫助。如果是工作上需要經常處理對外業務的人，在衡量自己可以承擔的預算與副作用後接受適當的手術協助，其實也算是一種「投資」；雖然這些只能短時間內暫時維持。

不過，也有另一種既不需要花費半毛錢也沒有副作用，又能打造好面相的方法——嘴巴與眼睛一起笑的面容。我身邊有位曾在事業上經歷嚴重低潮的朋友。接二連三地事業失敗，使得他的臉上無時無刻都籠罩著烏雲。某天，當他看著鏡中的自己時，赫然驚覺任誰看了那副面相都只會覺得「人生好難」。他於是醒悟到「這張臉要怎麼和人做生意？」隔天，他開

始練習笑；笑到讓周圍的人甚至想問他是不是發生什麼好事了。每次聽到有人這麼問他時，他都會如此答道：「就是為了發生好事才笑啊！」

經過了一段時間後，原本烏雲籠罩的面容，逐漸轉變成為笑顏。笑臉一併帶來了令人愉悅的話語、正面的態度，因此也造就他從此懂得如何以積極、從容的態度經營自己的事業。現在的他，堅信自己就算不必刻意露出笑容，人生也只會充滿讓人會心微笑的事。結果，他的事業成功了嗎？各位不妨也從現在開始帶著「笑臉」度日，自然就會知道答案。

招來好運的聲音

據說，「眼神」是看面相時相當重要的部分。雙眼澄澈的人，通常成功的機率也比較高。野心勃勃、朝氣十足的人，往往都有著一雙炯炯有神的眼睛。然而，重要性不亞於眼神的，即是「聲音」。**單憑聲音的語調與氣勢，便能得知一個人的性格與習慣。**

有人説，人的靈魂存在聲音裡。當你使用清亮、開朗的聲音説話時，聽者的心情也會跟著變好。**為了帶給周圍的人好運，以及耕耘自己展望的未來而投資自己的聲音，絕對有其意義。**

多數的成功人士都認為單憑自己的努力是沒有辦法走到現有的地位，而是得再依靠天時、地利、人和的配合。懂得善用自己生命中的幸運，或許也正是我所盼望的人生智慧吧？

聲音
也能改善嗎？

藉由朗讀報紙訓練聲音

唯有經常發出聲音，才有辦法改善它

　　想要改善自己的聲音，必須進行大量的聲音訓練才行。不能只是朗讀，而是得再經過錄音、重播、分析的階段。雖然第一次聽見自己的聲音時會覺得無比尷尬、不自在，但唯有懂得如何掌握自己真正的聲音，才能釐清日後究竟該以何種感覺進行練習。

將報紙內容唸出聲，是日常生活中唾手可得的練習方法。再加上，新聞報導的邏輯與架構都十分清晰，持續朗讀報紙也有助於培養邏輯能力。尤其推薦經濟新聞，還可藉此獲得經濟相關的常識，堪稱一舉兩得。如果覺得訂閱紙本報紙不方便的話，不妨善用網路新聞或挑選優質的新聞APP。

以紙本報紙為準，朗讀份量以每篇報導三個段落為適中。其實，朗讀也是件相當耗能量的事。一旦需要消化的內容開始變多，很容易就會因為疲憊而索性放棄。因此，起初毋須太貪心，最重要的是適量與持續下去。

選好一篇報導後，不要急著盲目朗讀，**而是先用眼睛稍微掃瞄一下內容，掌握大意。接著，開始小聲朗讀，並且隨著自己的呼吸頻率檢視需要停頓休息的部分。此外，也得特別標註像是數字、重要詞彙⋯等必須格外用力的地方。**毫無差錯且流暢地唸出一個個單字，其實沒有想像中那麼容易。即使是平常再熟悉不過的單字，也會出現發音錯誤、速度調整不當導致

喘不過氣…等情況。難發音的詞彙，可以挑出來個別練習直至有辦法正確唸出來後，再以令人聽起來舒適的速度重新朗讀三次。

　　事前準備結束後，即可以適當的音量與正確的姿勢、發聲進行錄音。儘管已經練習了好多次，卻可能還是會在開始真正錄音時發現並不如想像中順利。無論結果再怎麼不滿意，也務必繼續進行錄音，不要就此退縮。試著透過聆聽聲音的高低、音量、發音正確性…等，給予自己評價。此時，即是實力得以真正增長的時候。按照自己的節奏調節呼吸直至唸完每一個句子，藉以培養運用聲音的能力。

協助朗讀報紙的Tip

1. 默念報新聞內容，並掌握大意。

2. 發出聲音朗讀新聞內容，並尋找需要呼吸的部分。

3. 標註難發音或需要強調的詞彙（難發音的部分，以拆成個別
   單字的方式練習；需要強調的詞彙，可以稍微提高音階）。

4. 朗讀三次後，開始進行錄音。

檢查項目	聆聽朗讀的錄音檔，並逐一檢查以下項目。
音調	適當調節呼吸，發出給人安全感的聲音 以挺直腰桿的姿勢發出聲音時，腹部稍微使勁，並確認鎖骨以下的胸部是否振動。
	維持穩定發聲，使用有自信的聲音讀到句子的最後 不要含糊帶過句子的結尾。清晰的聲音本身，已經足夠給予對方信任感。
音色	聲音的音色會隨著表情改變 平時說話時，若想打造親切、優雅的形象，不妨試著進行閱讀練習。
抑揚頓挫	養成字正腔圓的習慣 舉例來說，唸「家庭負債」、「聯邦儲蓄」、「縮減購債」…等單字的第一個字時，可以著重於「家」、「聯」、「縮」的發音。
	以「意思」為單位進行朗讀 朗讀的斷句依據在於「意思」，而不是一個個單字。
發音	不含糊帶過每一個字，確認自己發聲時是否口齒清晰 張大嘴巴，勤著使用舌頭。
速度	朗讀新聞時，切記調節語速，避免說得太快 平時說話速度偏快的人，請以1.5倍慢速緩緩朗讀。

堅定地
説完一句話

打造自信形象的第一步

好好結束一個句子

「我的煩惱喔～就是聲音好像小聲到沒辦法説到最後一個字～所以看起來就顯得有點沒自信啊～不知道是不是因為這樣，身邊的人都説我講話無力～我很常聽到人家這樣講耶～這好像是我的説話習慣啦～」

想要改變説話習慣的D小姐，因為不知道該從何做起，於是坦白自己的煩惱。她説話時，總是帶著「不乾脆的結尾」。**當説話一句接著一句卻始終沒有結束時，會很難讓人明白整段話的重點何在。**或許正是因為這種模模糊糊的説話方式，使得她給人的印象、形象都相當不清晰。

她表示自己在飛行途中報告情況或接待客人時，也經常因為詞不達意而造成各種誤會。諸如此類的情況日積月累後，她開始變得有些畏縮。就連在進行客艙廣播時，也能聽得出濃濃的消極態度。

於是，我建議她在説話時不要拉長語尾，試著清楚地斷句；換句話説，即是**刻意地截斷每一句話。**呼吸不穩定或聲音小的人，通常都有讓人只聽得見主詞，但之後説的話都聽不見的問題。**假如無法一口氣完整説好一段話，建議改成以「意思」作為單位，在適當的地方稍作停頓，運用腹部的力量維持到最後的部分即可。**平時聲音特別小的人，則需要培養自己在開始説話時就提高音量的習慣。

所謂的「娃娃音」意即像孩子一樣的說話方式；這種說話方式也經常出現語尾含糊不清、無法清晰咬字的情況。正是因為下顎只向兩側移動（橫向），而沒有上、下開啟（豎向），以致於說話時很容易在母音中混雜著「eu」、「i」音。舉例來說，「eotteoke」的發音會變成「eoteuke」，而「guip」的發音則是變成「geuip」。**下顎除了向兩側移動外，也得上、下張大才行。當下顎豎向開啟時，便能發出清楚、穩重的聲音。**除此之外，上、下開啟的空間也會增強共鳴，進而發出更好聽的聲音。

　　如何結束一句話，其重要程度足以左右整體氣氛。尤其是就「謂語在後」的韓文特性而言，一旦結尾含糊不清，便很難確實傳達整體的內容；同時，也會顯得沒什麼自信。**盡可能避免發生說話隨便結尾或音量過小的情況。**

人資負責人建議的「堅定的說話方式與聲音」

　　根據美國戴頓大學心理學系教授約翰・史巴斯

（John　Sparks）一份以大企業人資負責人為對象進行的研究結果顯示，比起模稜兩可地回答「應該是～」的應徵者，面試時使用「是！」的說話方式更能令人深刻的印象。

某企業的面試負責人也曾表示，在與無數名應徵者通話後，單憑聲音與說話時的語調就能判斷出對方的錄取機率。錄取機率低者，通常都有「說話有氣無力」、「發音不標準」、「說話慢吞吞」…等共通點；相反，給人感覺「值得一試」的應徵者，不僅說話有力、清晰，語氣也都相當堅信與肯定，甚至連發音都十分準確，並且使用讓聽者能夠聽清楚的語速。他更補充道：「和應徵者通話時，我不只一、兩次想要對對方提出『聲音和說話方式能不能拜託有點精神？』的建議。」

光是聽聲音，都能讓人感覺得到對方究竟是怎麼樣的人。因此，千萬不要忘記在任何面試、發表…等需要說服他人的場合裡，聲音扮演的角色絕對遠比想像中來得更重要。

將模糊不清的形象變得清晰的Tip

1. 發出清楚的聲音直至句子的最後一個字；發出比平常略長一
   秒的聲音。
2. 音量小的人，必須從一開始講話就提高整體音量；腹部維持
   用力，並調節呼吸。

 清楚、肯定的說話方式Tip

說話前，請先整理好腦海中的想法。說話無法準確結尾的人，
很多時候都是因為對自己不夠肯定。因此，務必養成在平常開
口說話前，先釐清思緒的習慣。清楚、明確的聲音，往往都是
奠基於清晰的思路。

 將像孩子一樣的說話方式變得成熟的母音練習

ㅏ(a)：將下顎往下移動與壓低舌頭後發出聲音；儘量張大嘴
巴。

ㅣ(i)：向下拉長嘴型，並且保持嘴唇緊繃到可以看見門牙的程度。

ㅔ(e)：發音時，嘴巴開啟的程度足夠容納一根手指。

ㅐ(ae)：下顎往下移動的程度比ㅔ(e)更多。發音時，想像一下嘴巴開啟的程度足夠容納兩根手指。

ㅗ(o)ㅜ(u)：這是必須確實嘟起嘴唇才能正確發音的麻煩母音。由於嘴型做得不夠確實的隨意發音，可能會給人支支吾吾的感覺，因此務必確實嘟起嘴唇後再發音。ㅜ(u)是由ㅗ(o)凸起嘴唇後的發音。

ㅘ(oa)ㅝ(ueo)：發音時，結合兩個母音的複合母音經常被唸成ㅏ(a)、ㅓ(eo)。慢慢地以ㅗ+ㅏ=ㅘ（o+a=oa），ㅜ+ㅓ=ㅝ（u+eo=ueo）的方式唸出兩個母音。只要稍微留意嘴型與下顎的變化，就能掌握正確發音。

註：本書作者為韓國人，為保留文章原意，故書裡使用韓文子母音做說明，建議台灣讀者可換成注音符號進行練習。

只要訓練呼吸，
就能讓聲音變得不同

呼吸是發聲的基本

正確的呼吸方式

「我只要說一下話就會氣喘吁吁。」

「我說話說太久會覺得脖子很痛。」

在此向有上述情況的人推薦呼吸訓練法。只要好好呼吸，聲音也會隨之改善。**其實，呼吸足以決定「**

聲音的品質」，卻有很多人都忽略了呼吸的重要性。無論是工作上需要經常說話的人或是想要改善聲音的人，只要好好練習呼吸方式都可以達到顯著的效果。

　　雖然大家都認為聲音是源自喉嚨，但其實**聲音是由許多不同的器官一起協力發出的。**當空氣透過鼻子與肺部進入體內，會經由包含橫膈膜與聲帶在內的發聲器官，再排出體外；此時，只要腹部稍微用力呼氣說話的話，自然就會發出與平時不一樣的聲音。這也是俗稱的「腹式呼吸法」。以汽車為例，藉由腹式呼吸法發出的聲音的排氣量是3000c.c，那麼藉由喉嚨發出的聲音就是1000c.c。用力與否的差異即是在此。

　　發聲時，如果使用的是排氣量較低的胸式呼吸法，用力的部位就會是喉嚨；相反，如果使用的是腹式呼吸法，那麼用力的部位則是腹部，如此一來也能保護聲帶。**腹式呼吸法也有助於發出不會上氣不接下氣的平穩聲音。**

　　究竟要如何做到強而有力的深層呼吸呢？空服員

H對於自己進行客艙廣播時，呼氣與吸氣的聲音聽起來很明顯一事感到相當苦惱。由於H不是運用腹式呼吸法，而是以短促的呼吸說話，因此我建議她可以先試著學習維持深層與穩定的呼吸。

首先，在姿勢正確的狀態下，使用鼻子吸氣。此時，為了避免聳肩，下腹必須稍微用力。當空氣經由鼻子進入肺部後，腹部會隨著下移的橫膈膜將其他內臟往前推而突出。此時，**關鍵在於讓聲音疊加在進入肺部的空氣後，再一起發出來。**最後，在肺部擴張與橫膈膜收縮的同時呼氣；這個部分與訓練腹肌時拉扯肌肉的感覺相當類似。為了避免一下子呼完所有的氣，必須讓腹部肌肉維持在施力平均的狀態。由於腹式呼吸法是透過橫膈膜的收縮與放鬆達成的呼吸方式，因此又被稱為「橫膈膜呼吸」。

腹式呼吸法的效果

腹式呼吸法的優點在於，它比「胸式呼吸法」更能將大量空氣一次填滿肺部深處。當大量空氣通過

發聲器官時，便能發出更有層次與共鳴的聲音。再加上，發聲時是由腹部調節空氣的壓力，因此也能在頸部放鬆的狀態下製造出舒適的聲音。**腹式呼吸法不只是為了發出悅耳的聲音，同時更兼具減緩緊繃的效果，所以在面試或發表前做一做也會很有幫助。**

呼吸強而有力且深長的人，意即正確呼吸的人，基本上都能夠長時間持續發出優質的聲音。某位資深的演藝人員曾分享過關於自己在新人時期進行直播節目時，因為過度緊張而發生聲音顫抖到無法控制的甘苦談；對此感到相當後悔的他表示：「早知道就在我踏入專業的領域前，稍微認真訓練一下自己的呼吸了……」

人確實很難在一朝一夕間改變呼吸方式。不過，只要實際體驗一次，就會像騎腳踏車和游泳一樣，一輩子都不會忘記。因此，不妨花點時間讓自己的身體熟悉這一切吧。

THINK

PLUS

簡單的腹式呼吸法訓練

1. 放鬆肩膀後，在姿勢正確的狀態下將雙手置於腹部（可以站著，也可以坐著）。

2. 使用鼻子吸氣五秒後，憋氣三秒。

3. 呼氣十秒並發出「噓～」的聲音，慢慢呼氣，直到腹部扁平為止。

關於呼吸的Q&A

Q： 我不知道平常說話的時候該怎麼使用腹式呼吸法。刻意的說話方式會讓我覺得很不自在⋯⋯。

A： 對於腹式呼吸法感到不自在是很自然的事。平常說話時，我們會按照自己自然的呼吸速度無意識的呼氣與吸氣。腹式呼吸法是在培養發出優質聲音時需要的體力。建議平常多加練習腹式呼吸法，但實際說話時倒不必刻意意識這件事。只要在說話內容中出現了想要強調的詞彙時，腹部稍微用力發出聲音即可。

05

説話
也需要節奏

讓聲音有活力的秘密

藉由著重第一音節，改善無趣的説話方式

「我覺得自己的説話方式好像太無趣了。比起太過冷靜、穩定的説話方式，我更想用稍微開朗、清楚的聲音説話。再加上，最近遠距教學越來越多，我也申請了不少線上課程，但……我的聲音連我自己聽了都覺得好睏。」

不久前才為了個人專案（Side project）舉行了一場關於的說話技巧訓練的讀書會。其中有位與會者提及正在煩惱著該如何改正自己無趣的說話方式時，引起了不少人的共鳴。其實，這點也是我在進行客艙廣播訓練教育時常見的煩惱──「教官，我的廣播內容常常被說『無聊』。可是我明明已經刻意在廣播時笑得很燦爛了，但聲音好像沒辦法呈現我的表情。怎麼辦？」

如前所述，聲音深受表情影響；建議先養成放鬆眉間，面帶微笑的說話方式。不過，如果連這樣也無法如願發出充滿朝氣的音色時，不妨試著在說話時著重第一音節。舉例來說，當說出「您好」時，毋須每一個字都用力，而是將力量著重放在第一個字的「您」。**第一個音節的能量會自然地影響隨後的音節，形成活力十足的說話方式。**

只要說話帶有節奏感，聽起來就會格外有精神，同時也兼具讓對方聽得更清楚的效果。光是加強某些單字，都能讓傳達變得加倍明確。尤其**可以試著在想要強調的詞彙上調節呼吸與增加重音，原本平淡無趣**

的説話方式就能因此產生亮眼的變化。面對重要的發表、報告時，請務必善用這個技巧。

曾經被評為説話方式平淡無趣的那位空服員，幾乎是每天一睜開眼就沒停過開口練習唸誦。加強練習強調第一音節的技巧後，傳達能力終於開始變好的她，也因此收到不少正面的反饋。慢慢累積信心後，她直到現在都謹記著廣播時要著重第一音節的技巧。

先前一直為自己無趣的説話方式感到煩惱的讀書會成員，也在接受了關於第一音節的指導後，開始試著練習朗讀文章。不過才朗讀了幾個句子，便立刻感受到效果。**只要持續練習，自然就會成為習慣。説話方式不是與生俱來，而是後天形塑。**

養成喝水的習慣是亙古不變的真理

我們的聲帶會在發出聲音的過程中產生振動，所以想要維持振動流暢的話，潤滑劑自然不可或缺。水，正是數一數二的優質潤滑劑。期望打造出朝氣勃

勃的聲音，水就是最好的補品。

專家認為「由於聲帶是黏膜，不是皮膚，因此當說太多話或是環境乾燥時，黏液就會變得比較黏稠，聲音也會開始出現岔音、嘶啞的情形」，並且強調「經常喝水讓聲帶維持固定的濕度，是擁有優質聲音的關鍵習慣」。

聲帶是反應相當敏感的器官，尤其當人置身於乾燥環境時，為了滋潤我們的聲帶，千萬不要忘記「多喝水」。我曾經在罹患重感冒的狀態下想要進行客艙廣播，卻完全無法正常發聲的情況。即便最後歷經千辛萬苦之後終於完成廣播，但不得不說真的是相當丟臉的經驗。對於聽見那次廣播的乘客來說，勢必也覺得充滿破音與幾乎聽不見的聲音十分刺耳…自從那天起，喝水便成了我最認真維持的習慣之一。

保持聲音健康的方法

1. 一天喝四杯以上的溫水；如果能喝到八杯是最好的，但無法
   完成時，至少也得喝四杯。一杯的份量為150～200cc。

2. 閉上雙唇，使用鼻子呼吸。使用鼻子進行深層的呼吸，也能
   促使腹式呼吸法變得更自然。由於張開嘴巴的呼吸會讓空氣
   直接進入體內，喉嚨很快就會因此變得乾燥。

3. 不要習慣性地清嗓或乾咳；尤其乾咳是傷害聲帶的壞習慣。

發聲的關鍵不是完成，
而是維持

持之以恆就益於發聲的四種練習

添加能量的聲音，自然就會煥然一新

「我常聽到人家說我會『吃話』。在職場上也是如此，因為別人都說沒辦法一次就聽懂我在說什麼，搞得我都得重複說好幾次，真的很煩…」

對自己音量小又含糊的聲音感到十分不滿的同事

Ａ，語帶哽咽地坦白了自己的煩惱。發聲練習，即是解決同事Ａ煩惱的方法。所謂「發聲」，指的是透過將吸入的空氣重新呼出來的過程，使聲帶振動後發出聲音。既然如此，發聲的空間究竟是小一點比較好，還是大一點比較好呢？空間越大，產生的共鳴自然也就越大。和她擁有相同煩惱的人，大多都有說話時沒有完全張開嘴巴的習慣。如此一來，喉嚨內部便是呈現閉合的狀態。一旦聲音產生共鳴的空間不足，發出來的聲音當然就會變得微弱、悶悶的、含糊不清、扁扁的。只要好好善用口腔內的「洞穴」，就能發出充滿能量的聲音。

張大嘴巴，幫助放大口腔內部的空間，是發出具有渲染力的聲音之關鍵。

首先，先像打呵欠般發出「哈～」、「啊～」的聲音。試著邊看著手拿鏡邊練習。將舌根盡量往下壓，溫和地發出「哈～」、「啊～」的聲音時，即可見到位於口腔內部的懸雍垂與愛心形狀的洞穴。盡可能張大圓形部分，直到感覺有些痠痛為止。以每次發

聲五秒，重複五次的方式，逐漸擴大空間，並在最後一次張開至最大。

試著想像一下，當確認口腔內部確實張大形成空間後，便不再是被壓得扁扁的聲帶經壓迫發出的聲音，而是疊加於呼吸之上發出的聲音。

發聲練習一

使用鼻子吸氣。當下腹逐漸隆起，隨之上升的空氣通過聲帶後，於圓滾滾的口腔內部產生共鳴的同時，試著想像聲音是俐落地向前延伸，然後發出長音。練習時，可以先想像遠處有一個點，接著瞄準點所在的位置發出聲音。

張大嘴巴，壓低舌根後，在咽喉處保持圓弧形的狀態下發出聲音，唸以下句子：

原本是안개 낀 항구（An Gae Kkin Hang Gu），使用鼻子吸氣後，張大嘴巴改唸아안개 낀 하앙구우（a an gae kkin ha ang gu u）

原本是하마의 하품（ha ma ui ha pum），使用
鼻子吸氣後，張大嘴巴改唸하아마아의 하아푸움（ha a
ma a ui ha a pu um）

原本是하와이의 야자나무（ha wa i ui ya ja na
mu），使用鼻子吸氣後，張大嘴巴改唸하아와아이의
야아자아나아무우（ha a wa a i ui ya a ja a na a mu u）

先前提到因為自己音量小、含糊的聲音而倍感
壓力的同事A，在持續進行擴張咽喉的發聲練習與報
紙朗讀訓練後，終於順利取得自己理想的客艙廣播等
級。曾經為了消極、無精打采的聲音導致自身的工作
能力無法被確實評價的她，經過不間斷地進行讓聲音
聽起來更有活力的訓練後，也開始獲得正面的反饋。

註：本書作者為韓國人，為保留文章原意，故書裡使用韓文子母音做說
明，建議台灣讀者可換成注音符號進行練習。

發聲練習二

子音＼母音	ㅏ	ㅑ	ㅓ	ㅕ	ㅗ	ㅛ	ㅜ	ㅠ	ㅡ	ㅣ
羅馬拼音	a	ya	eo	yeo	o	yo	u	yu	eu	i
ㄱ	가	갸	거	겨	고	교	구	규	그	기
k/g	ka/ga	kya/gya	keo/geo	kyeo/gyeo	ko/go	kyo/gyo	ku/gu	kyu/gyu	keu/geu	ki/gi
ㄴ	나	냐	너	녀	노	뇨	누	뉴	느	니
n	na	nya	neo	nyeo	no	nyo	nu	nyu	neu	ni
ㄷ	다	댜	더	뎌	도	됴	두	듀	드	디
t/d	ta/da	tya/dya	teo/deo	tyeo/dyeo	to/do	tyo/dyo	tu/du	tyu/dyu	teu/deu	ti/di
ㄹ	라	랴	러	려	로	료	루	류	르	리
l/r	la/ra	lya/rya	leo/reo	lyeo/ryeo	lo/ro	lyo/ryo	lu/ru	lyu/ryu	leu/reu	li/ri
ㅁ	마	먀	머	며	모	묘	무	뮤	므	미
m	ma	mya	meo	myeo	mo	myo	mu	myu	meu	mi
ㅂ	바	뱌	버	벼	보	뵤	부	뷰	브	비
p/b	pa/ba	pya/bya	eo	pyeo/byeo	po/bo	pyo/byo	pu/bu	pyu/byu	peu/beu	pi/bi
ㅅ	사	샤	서	셔	소	쇼	수	슈	스	시
s	sa	sya	seo	syeo	so	syo	su	syu	seu	si

子音＼母音	ㅏ	ㅑ	ㅓ	ㅕ	ㅗ	ㅛ	ㅜ	ㅠ	ㅡ	ㅣ
羅馬拼音	a	ya	eo	yeo	o	yo	u	yu	eu	i
ㅇ	아	야	어	여	오	요	우	유	으	이
收尾音時發ng，但平時不發音	a	ya	eo	yeo	o	yo	u	yu	eu	i
ㅈ	자	쟈	저	져	조	죠	주	쥬	즈	지
j	ja	jya	jeo	jyeo	jo	jyo	ju	jyu	jeu	ji
ㅊ	차	챠	처	쳐	초	쵸	추	츄	츠	치
ch	cha	chya	cheo	chyeo	cho	chyo	chu	chyu	cheu	chi
ㅋ	카	캬	커	켜	코	쿄	쿠	큐	크	키
k	ka	kya	keo	kyeo	ko	kyo	ku	kyu	keu	ki
ㅌ	타	탸	터	텨	토	툐	투	튜	트	티
t	ta	tya	teo	tyeo	to	tyo	tu	tyu	teu	ti
ㅍ	파	퍄	퍼	펴	포	표	푸	퓨	프	피
p	pa	pya	peo	pyeo	po	pyo	pu	pyu	peu	pi
ㅎ	하	햐	허	혀	호	효	후	휴	흐	히
h	ha	hya	heo	hyeo	ho	hyo	hu	hyu	heu	hi

註：本書作者為韓國人，為保留文章原意，故書裡使用韓文子母音做說明，建議台灣讀者可換成注音符號進行練習。

將雙手輕輕置於下腹，然後使用鼻子吸氣。請於腹部隆起的狀態下，用力收縮肚子，依序唸出가！갸！거！겨！고！교！구！규！그！기！（ka！kya！keo！kyeo！ko！kyo！ku！kyu！keu！ki！），伴隨著腹部的收縮，使用一口氣迅速唸完一個音節，過程的重點在於練習「斷音」。接著再次使用鼻子吸氣，讓腹部隆起、用力收縮肚子唸第二行的나！냐！너！녀！노！뇨！누！뉴！느！니！（na！nya！neo！nyeo！no！nyo！nu！nyu！neu！ni！），像這樣把每一行的每個音唸完。

發聲練習三

　　上表既可以用作發聲練習二的斷音練習，也可以練習深層呼吸。使用鼻子吸氣後，於腹部隆起的狀態下，依序唸出가아갸아거어겨어고오교오구우규우그으기이（ka a gya a geo eo gyeo eo go o gyo o gu u gyu u geu eu gi i）

　　練習在一口氣內連接所有音節接續唸完整句。唸

完一行後，再繼續配合呼吸練習下一行，依此類推。使用鼻子吸氣時，腹部會隆起；發出聲音時，腹部會縮回。

　　起初開始嘗試時，可能會出現暈眩、冒汗的情形，有這樣的狀況很自然。調節呼吸與正確發聲，確實需要耗費許多能量。過程越辛苦，越能發出優質且充滿能量的聲音，所以請務必耐心練習。

　　我曾經讀過一篇關於演員金明民的報導；內容有關發聲、發音的訓練方法，我對此留下相當深刻的印象，金明民也是少數大家只要一聽聲音就能知道是誰的演員之一。他甚至還曾憑藉著不亞於聲優、主播的發聲與發音，獲頒2004年KBS電視台的「正音獎」。在此之前，他付出了長達數十年的努力不懈。相信一個人即使天生擁有悅耳的嗓音，卻不可能會有與生俱來的優質發聲與發音的金明民表示：「如果沒有每天練習的話，只會讓嘴巴變得僵硬」，因此他從未間斷過任何一天的練習。**優質的發聲不是一次的「完成」，而是在鍥而不捨中的「維持」。**

用聲音
碰觸對方的心

共鳴與清晰度的協調性

給人正面印象的共鳴音

試著在字典中尋找「共鳴」一詞時，會得到「振幅的急遽增加、物體振動擴大的現象」的解釋；在一般的說話技巧課程中，則會以「使面部骨頭之間的空隙產生振動，進而放大空間內的聲音」的方式說明。「放大」，即是共鳴的核心。只要想像一下，無論是

發出高音或低音，哪種聲音有辦法傳遞得更遠、更紮實，便能更輕易明白何謂「有共鳴的聲音」。

發聲，指的是當呼出吸入的空氣時，聲音與其融合的狀態；發聲時，通過聲帶與擴張的咽喉、口腔內部空間的聲音也會隨之增大。所謂的「共鳴」，意指將發聲時產生的聲音聚集至面部的人中與上唇周圍。如此一來，向前聚集的聲音會使得共鳴變得更大，進而發出較為清晰的聲音。我認為，具有共鳴感的聲音，是由發聲引起的振動與聚集在人中周圍的清晰感的相輔相成。只有振動卻不夠清晰，很容易就會發生讓人無法聽清楚究竟在說什麼；缺乏振動的尖銳聲音，則是很難表達出親和、細膩的情緒。唯有適當融合兩者，產生具有共鳴感的聲音，才能讓人感覺信任、迷人。不只能夠突顯專業感，當需要進行說服或提議時，也能因此更輕鬆地觸及對方的心。

有些人確實與生俱來就有製造共鳴音的器官。不過，就算少了先天的遺傳，我們也可以盡量努力善用自己擁有的共鳴箱發聲。

正確的發聲與清晰的聲音

　　同事A為了自己聽起來悶悶的聲音苦惱不已。平常在公司也經常因為鼻音而覺得自尊感低落，造成同事A沒辦法正常說太多話，總是簡短說完就結束對話。罹患鼻炎或蓄膿症的人，通常會出現鼻子堵塞的聲音。不過，若是沒有類似的疾病，那麼只要稍微改變發聲方法即可得到適度的改善。像是「m（ㄇ）、n（ㄋ）、ng（ㄥ）、l（ㄌ）」等需要運用鼻腔振動的聲音，只要搭配得宜就能成為相當美妙、悅耳的聲音，可是一旦除此之外的發音也使用鼻腔呼出空氣的話，便會令人感覺聲音很悶、鼻音很重。

　　相反，同事B則是擁有一把親和力十足的悅耳聲音。只是，卻也有著「每次說話時，總是無法吸引他人的注意力，而且很快就令人感覺疲倦」的煩惱。她在拉長聲音時，顯然沒有充分利用口腔內部的共鳴。

　　上述的兩人都需要正確的發聲與確實聚集聲音的訓練。口腔內部，是人體最好的共鳴空間。當吸入的

空氣通過聲帶，再經由嘴巴發聲的過程中，便會在口腔內部引起適當的振動，並將聲音聚集在嘴唇與人中周圍。此處的重點在於，**為了避免聲音分散，必須將聲音的「渾圓」能量往前聚集後，再像沿著拋物線般發出去。**其實，將聲音想像成一顆球也能得到不錯的效果。恰如丟球時得先將雙肩、雙臂、雙手先往後，再往前伸展拋擲一樣，聲音也必須先聚集在面部中央的上唇與人中周圍後再向外發出。

關鍵在於，確實感受口腔內部的振動。試著感覺一下聲音聚集時，既不分散也不含糊的共鳴吧。

註：本書作者為韓國人，為保留文章原意，故書裡使用韓文子母音做說明，建議台灣讀者可換成注音符號進行練習。

 **感受發聲時共鳴**

1. 想像自己口中含著一顆糖果。

2. 張大嘴巴發出「a（아）～」音後，再闔上嘴巴發出
   「eum（음）～」音。（口腔內部會形成一個圓滾滾的空
   間）

3. 連續發出低鳴音「meum（믐）～」，使上唇與人中產生細
   微的振動。如果以指尖確認一下振動的話，便能有更細膩的
   感覺。

   meum（믐）～（五秒）

   meum（믐）、meum（믐）、meum（믐）～（五秒）

   meum（믐）、meum（믐）、meum（믐）～eum（
   음）～ma（마）～（七秒）

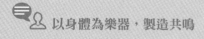 **以身體為樂器，製造共鳴**

呼吸是聲音的原料，若想製造出好的共鳴，自然少不了充
足的呼吸。首先，吸一口氣。不是只有肩膀上升，而是得讓深

深吸入的這一口氣進入身體內部。此時，腹部與腰間會稍微凸起。試著感受一下以呼吸填滿了這個名為「身體」的樂器時，身體隨之擴展的感覺。

1. 於口腔內部形成一個圓滾滾且寬闊的空間。先吸氣，然後隨著呼氣發出聲音。不是像洩氣般發出聲音，而是在口腔內部形成球狀空間後，發出meom（멈）～meom（멈）～meom（멈）～的聲音。善用由舌根至顴骨上方的共鳴空間。

2. 就像吹氣球時發出「嗚～」音時，口腔內部會產生一個能製造渾圓共鳴的空間。鼓起雙頰，發出「嗚嗚嗚嗚嗚～」的音。

　　如果會聽到「呼、呼、呼」的漏風聲，便很難製造出共鳴。減少呼出去的氣，並且將其改變成留在口腔內部的共鳴，即可形成高C/P值的聲音。若是連這麼做也無法確實掌握感覺的話，則得檢視自己的低鳴音是否太高了。能夠舒適地感覺共鳴的狀態，是每個人獨有的魅力聲調。有辦法好好感覺共鳴音之後，便能開始試著朗讀自己喜歡的句子或文章段落。

找到專屬自己健康又
迷人的主聲調（Key tone）

決定形象的主聲調

姿勢好，聲音自然就好

正確的姿勢是正確發聲的基本。一旦姿勢不正確，自然就很難發出優質的聲音。很神奇的是，先試著在下巴抬高、腰部蜷縮（又名「烏龜頸」）的狀態下，發出「啊～」，然後再在稍微縮下巴、腰部伸直時發出「啊～」，即可明顯感覺到兩種聲音之間的差

異。原因在於，姿勢會對呼吸、聲帶等發聲器官造成直接的影響。**通常有烏龜頸症狀的人，聲音較單薄；相反，下巴過度內縮時的發聲，則會被壓得扁扁的。**

當頸部、肩膀、脊椎整齊排列時，意謂著發聲的通路筆直無礙，因此負責發出聲音的肌肉也就能夠被有效率地用於呼吸與發聲。

改善聲音的正確姿勢自我檢測表

於自然、放鬆的狀態下，逐一確認並矯正姿勢：

1. 輕縮下巴
2. 挺直腰桿
3. 挺胸並放鬆雙肩
4. 腹部適當施力

我曾在飛行途中向一位聲音好聽得足以令人留下印象的男性客艙經理詢問相關秘訣。

「我站著進行客艙廣播時，反應都滿好的。比起坐著的時候彎腰聳肩，使用抬頭挺胸的正確姿勢站著廣播，發出來聲音好像也變得更清亮。」

正確的姿勢不僅有助於身體健康，同時也是發出健康、有活力的聲音的訣竅。

找出自己獨有的主聲調

檢視一下自己的發聲部位，即可從自己既有的聲音中找出獨特「主聲調」。

第一步，以肋骨的Y形分岔處為中心支點，使用食指與中指輕壓「心窩」處並發出聲音。心窩的後方，即是橫膈膜。當該處出現振動時，便能很快找到聲調。假如不太能感覺得到，不妨試著輪流按壓心窩與其他部位，以確認振動與否。一般來說，按壓心窩時的振動應該會比按壓其他部位來得更有感覺。

第二步，使用食指與中指輕觸聲帶（即吞嚥口水

時，頸部會出現動態的部位）並發出聲音，藉以確認振動程度。試著使用忽高忽低的聲音，找出自己的聲帶在哪個音域時的振動最強烈。

第三步，與製造共鳴音的方法一樣，將聲音聚集在人中與上唇的嘴巴周圍後，檢視自己的振動狀況。當能夠在心窩、聲帶、嘴唇周圍感受到振動時，便是讓人聽起來最舒適的悅耳音色。只要稍微了解與實踐自然的發聲方法，即可輕輕鬆鬆發出優質的聲音。

為什麼別人
總聽不懂我說的話？

準確傳達重點的說話方式

關鍵在於「發音」

「每次説話的時候，別人老是會説聽不懂我在説什麼，並且要求我再説一次。一開始我還會願意重説一、兩次，但後來因為覺得很累、壓力很大，最後乾脆就不説話了。發音習慣是從小養成的，所以好像再怎麼矯正也沒什麼明顯的改善。我大學想讀的系所得進行入學面試耶…真是煩惱」

發音，是傳達思想的核心。一旦發音變得含糊，只會導致內容無法確實傳達。就像是面對重要的面試或報告時，勢必得清晰與準確地傳達自己費心費力準備的內容才行。聽著正確發音的人，投入程度通常都會比較高，把講者說的內容聽進去的機率自然也比較高；相反，**當發音不正確時，聽者必須傾注更多努力去理解內容，因此專注度很容易就會下降。**

發音對形象的影響甚鉅

根據統計資料顯示，無關學歷或知識水平，使用正確發音的人往往都能給人較為果決的形象。正確發音的重要性，即是像這樣足以決定一個人的形象；甚至還有人認為，發音不正確、支支吾吾的人看起來格外沒有誠意。一旦形成了負面的形象，便很難再讓面試官、上司、同事信任自己說的話。

讓我們一起了解如何透過發音技巧將自己搖身一變成為值得信賴的形象吧。

第一點，**嘴型正確**。嘴型十分影響母音的發音，因此必須認真變換嘴型，來唸出每一個獨特的母音。光是嘴型正確，就能讓整體的發音的感覺變得審慎。訓練發音時，若能單獨將母音拆開來練習的話，效果尤佳。像是在唸「안녕하세요,반갑습니다」（an nyeong ha se yo, ban gap seup ni da）時，先將「아,여,아,에,요,아,아,으,이,아」（a,yeo,a,e,yo,a,a,eu,i,a）等母音挑出來，逐一掌握準確的發音後，再加上子音進行練習，整體發音聽起來就會變得俐落許多。助詞의（ui），則可以使用에（e）的發音；雖然也可以使用ㅢ（ui）的發音，但에（e）的發音聽起來較為自然。習慣使用方言腔調的人，也需注意不要變成ㅡ（eu）的發音。複合母音也會隨著嘴型產生變化，因此務必格外留意發音。

第二點，**留意終聲的發音**。由俐落的母音開始，也得以準確的終聲結束。精準的終聲發音，足以讓發音的準確度更上一層樓。在韓文中，需發聲的終聲發音為「ㄱ,ㄴ,ㄷ,ㄹ,ㅁ,ㅂ,ㅇ」（k, n, t, l, m, p, ng）；只要唸好這七個終聲發音，就能擁有正確的發音。

尤其精準地做好ㄴ（n）的發音，是所有知性聲音的共通點。當舌尖碰觸到門牙上方硬硬的牙齦時，才能準確處理好ㄴ（n）的發音。假如舌頭沒有確實觸及牙齦，ㄴ（n）的發音便會變成ㅇ（ng）的發音。只要記得終聲ㅁ（m）是由上、下唇碰觸後再分開的發音，自然就能完成正確的發音。不會得過且過的終聲發音，是說話時營造知性氣質的關鍵。

　　第三點，掌握子音發音的舌頭位置，有個很好記的句子經常被用來練習子音的發音──「바다사자가 하

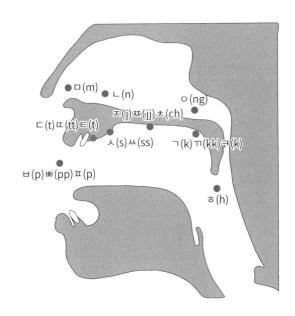

물놀이」（ba da sa ja ga ha mul nol i）；由ㅂ,ㄷ,ㅅ,
ㅈ,ㄱ,ㅎ,ㅁ,ㄹ,ㄴ,ㄹ,ㅇ（p, d, s, j, g, h, m, l, n, l, ng）依
序慢慢發音，並從中感受一下舌頭的位置。

　　我向曾經為了發音不正確而苦惱萬分的高三女
生提出了以下的解決方法——向對方確認自己的發音
是否清楚傳達，並且獲取反饋。無論份量多寡，每天
早上都要找一篇自己感興趣的新聞，然後至少朗讀五
次。越是勤著活動嘴型與舌頭練習發聲，越能發出精
準的聲音。當時距離面試還有一個半月的她，每天早
晚都認真進行了朗讀練習、發音練習，最終真的如願
考上自己理想的大學校系。不厭其煩地練習，終究會
迎來引頸期盼的結果。

註：本書作者為韓國人，為保留文章原意，故書裡使用韓文子母音做說明，建議台灣讀者可換成注音符號進行練習。

如何
調整聲音狀態？

給需要調整聲音的人的四個秘訣

發音、發聲也需要控制狀態

我在授課或錄音、廣播前一定會刻意做一件事——臉部肌肉運動。由於模樣十分醜陋，因此我不太在他人面前做這件事。嘴唇、舌頭、下巴的柔軟度對發音極為重要。如同我們從睡夢中醒來時沒辦法立刻順暢活動身體一樣，發聲器官亦是如此。因此，必須藉由暖身慢慢喚醒發聲器官沉睡的肌肉。沒有預先

做準備運動便直接上台授課時，很容易會發生口齒不清或走音的情況，導致自信感瞬間降至谷底。正是因為經歷過小看暖身，結果反而出了更嚴重的紕漏後，現在的我再也不敢輕忽這個步驟。

面對面試或重要的發表、會議時，務必先替發聲器官暖身一下。**當下巴、嘴唇、舌頭變得柔軟後，也能讓自信感隨之上升。**

1）讓乾燥的嘴唇保持滋潤。由於嘴巴與嘴唇必須經常活動，因此如果處在乾燥的狀態，龜裂的嘴唇很快就會令人感到不適，所以記得多擦些保濕產品，讓嘴唇維持在濕潤狀態。

2）擴大舌頭的活動範圍。緩緩張大嘴巴，發出「啊～」音；稍微縮下巴後，感受下唇的膨脹感，並發出「欸～」音；繼續將上唇與下唇再壓扁些，發出「依～」音；聚起原本膨脹的嘴唇，發出「喔～」音；最後將嘴唇往前嘟得更尖些，發出「嗚～」音。

起初，可能會有點肌肉緊繃。因此，可以在過程中使用手指輕觸下巴，溫柔地舒緩緊繃感，一次進行三回左右即可。等到逐漸習慣後，即可稍微增加速度再練習三回。

3）彈唇。放鬆雙唇，噗嚕嚕嚕～吹出空氣。一開始可能會有點難，但可以先放鬆嘴唇的力氣，然後將空氣帶往嘴唇的位置，像呼氣般發出「呼～」的聲音。假如連這樣都覺得困難的話，不妨先試著以雙手捏住嘴唇的兩端；成功後，再放下雙手重新嘗試。

4）增強舌頭的力量。伸長舌頭維持五秒。將舌頭收回去後，重新伸出來，並重複進行這個動作。舌頭的力量，是開啟優質發音的萬能鑰匙。

5）以舌頭舔一舔口腔內部的上側、兩側，以及牙齦後。充分活動直至舌頭感覺有些痠的程度。

只要輪流練習上述的五種方法，每種持續約五分

鐘，即可充分完成發聲器官的暖身。起初，陌生的肌肉運動與唾腺刺激可能令人感覺有些不適，但這麼做絕對能讓發聲器官變成更為柔軟的肌肉，有效地助自己的發音一臂之力，所以請務必試一試。

2 聲帶保護法

1）左右翻轉舌頭，直至感覺有些痠痛的程度。相較於過度使用喉嚨或在不舒服時勉強發聲，在口腔內部左右翻轉舌頭才更有助於開嗓。

2）放鬆聲帶周圍的頸部肌肉。當面部轉向右側時，握住位於左下巴與頸部聲帶之間斜向外露的頸部肌肉並輕輕地放鬆。說話的時候，除了聲帶之外，亦會全面性地使用到周圍的頸部肌肉。如果能夠放鬆聲帶周圍的肌肉，便能在不感覺僵硬的狀態下溫柔地發聲。

3）使用低鳴方式柔和地按摩聲帶。這樣的發聲不僅能有效舒緩喉嚨疼痛，同時也能在腹部、聲帶、嘴巴周圍產生共鳴，傳達效果也會因而提

升；可以試著以低鳴方式唱歌，但不要拉高低鳴的音域，而是使用較平常更低的音域哼唱。這個方法也有助於發出沉穩的聲調。

3 加爾西亞發聲練習法

被稱為視傳達能力如生命的「歌劇演員的發音練習法」，也是能夠有效喚醒嘴巴肌肉的低音訓練法。這個方法是透過發音困難的艱澀詞彙來訓練嘴唇肌肉。**張大嘴巴，精準發音，輕柔地唸出相連的音節。慢慢唸出每一個音節藉以喚醒嘴唇周圍的肌肉，等到熟悉後，即可加快朗讀的速度。**

우미날 리우 믈라도이

（u mi nyal ri u meul ra do i）

캐플랫 터피 큐필룻 퍼포

（kae peul raes teo pi kyu pil rus peo po）

락셀 페달 룩셀 포댈

（rak sel pe dal ruk sel po dael）

맬살라 캐잇 토 무솔래 크악투

（mael sal ra kae is to mu sol rae keu ak tu）

에이브러햄 야여밸리험 판초빌라 팬츄블러

（e i beu reo haem ya yeo bael ri heom pan cho bil ra paen chyu beul reo）

4 檢測位於鎖骨下方的鐘

試著想像鎖骨下方有一個鐘，然後以手指輕觸該處確認共鳴與否。當手指能在發出「啊～啊～啊～」的聲音時感覺到振動，意即發聲正確。假如手指沒有感覺到振動的話，那就想像一下自己藉由腹部釋放的能量發聲；如此一來，應該就能感受到更強烈的振動。雖然這個點子起初是從某位知名節目主持人的發聲法中得到靈感，但我實際試過後，覺得效果相當不錯。替空服員進行訓練教育時，我也曾經使用過這個方法，不少人都認為這麼做有助於發出穩定的聲音。希望對自己是否正確發聲感到好奇的人也能實際試一試這個方法。

註：本書作者為韓國人，為保留文章原意，故書裡使用韓文子母音做說明，建議台灣讀者可換成注音符號進行練習。

PART 4

利於
遠距時代的
說話方式與聲音

如果想在眾人面前
好好説話

用聲音打造個人品牌的必要性

人人皆品牌的時代

　　有個玩笑話説：「全韓國有五千萬個網紅」。任何人只要有心都能建立自己的頻道，並且發送各種內容。無論是醫師、律師、税務師、IT創業家、金融分析師、不動產仲介⋯等，各式各樣的專家都正在透過自己擅長的內容建立個人品牌。不僅是個人專

業，連生活風格、興趣，甚至眼光，都能成為個人品牌的墊腳石。現在，可謂是個人品牌（Personal branding）的時代。

由於我近期開始對不動產的理財領域產生興趣，因此在YouTube找到了一個討論相關內容的頻道。雖然起初是為了該頻道提供的豐富內容而開始觀看，但經常收聽與收看之後，卻因為講者傳達效果不佳的說話方式與發音，導致我很難長時間觀看這個頻道。不禁有些遺憾「如果能稍微改一下發音與發聲就好了」。經過一段時間又重新打開這個頻道的我，很快就察覺到講者的傳達能力出現了明顯的改善——除了發音俐落，說話速度也很恰當。原本尷尬的表情與動作，也變得相當從容。最重要的是，多了從那股自然態度中散發出來的自信。

一個人之所以會說話，往往是源於對自己的肯定與確信。我同樣也會在授課前，一邊檢討授課內容，一邊默默告訴自己「這已經是我盡全力準備的內容了，不需要無謂的緊張」，然後露出坦然的笑容。

舉世聞名的改變心理學家權威安東尼・羅賓（Tony Robbins）曾在一場演講中說：「如果你在群眾面前說話時會緊張得發抖，請試著放鬆肩膀，並把雙手勇敢地叉在腰上，像個超人一樣。接著，深呼吸。兩分鐘就好！」據說，只要做一次這個動作，無論是男生或女生的睪固酮都會在兩分鐘內增加百分之二十，同時減少百分之二十二的壓力荷爾蒙皮脂酮，而且對於嘗試過去因恐懼而不敢挑戰的事的機率也會增加多達百分之三十三。光是做一次看起來充滿自信的「超人姿勢」，就能消除一切恐懼。

　　除此之外，還有一些專為每次在他人面前說話時會緊張得無法動彈的人準備的特效藥。

　　第一種，將重音放在想要表達的關鍵詞彙，同時放慢速度。慢慢說出重要的單字並在該處做出重音，可以增加聽者的關注度。

　　第二種，結束一句話後，先數三聲再進入下一句話。如果說話時會感到緊張，十之八九都是因為速度

調節出現了問題。一旦呼吸節奏變得焦慮不安，緊張感也會隨之上升。此時，可以在一句話結束後，先數三聲，稍微調整一下自己的呼吸。

如果想在他人面前好好說話，不妨實踐一下上述的方法。你我都沒有非得成為辯論大師、演說家的必要。只要掌握自己獨有的語調與速度，從容、自然地傳達想說的話就好。

直到現在依然對
自我介紹感到尷尬的人

說話就是有聲音的名片——
說話方式與聲音

讓自我介紹變成你的個人品牌

「大⋯大家好。我是在〇〇公司從事〇〇的某某某。很開心能認識大家。嗯⋯首先,能在這個場合認識大家,真的很開心。呃,那個⋯可以這樣見到大家,實在太開心了⋯」

很遺憾的是,整段話就在不停重複「很開心」之

中結束了。明明要說的內容一點都不困難，心臟卻瘋狂跳個不停，腦袋也陷入一片空白。

自我介紹到底為什麼這麼難？自我介紹不只是單純在介紹自己，更是一種與他人交流好感的禮儀。每個人都想讓他人留下好印象。當內心越渴望展現自己最好的一面，難免就讓自我介紹這件事的壓力變得越大。有時，也會因為想要好好表現的念頭，而搬出過量的修飾詞或滔滔不絕說了太久。假如不是在面試官面前，自我介紹盡量簡潔就好。懂得適可而止，自然更好。

不如事先準備一下該如何應對需要自我介紹的狀況吧？接下來，為各位介紹一下準備自我介紹時可以參考的小秘訣。

第一，內容不要太冗長。大約控制在一分鐘至一分三十秒之間即可。不需要像面試時的自我介紹一樣一一細數自己的學經歷，稍微談一下自己喜歡的東西、展現能夠代表自己的東西就好。

第二，根據場合調整適時適地的內容。在與工作相關的聚會中，的確可以提及「我是大企業的組長」、「我是外商公司的行銷經理」等與職場經歷、地位有關的內容，但如果是在讀書會、寫作會⋯等場合的話，似乎就不太必要了。

　　第三，加入積極正面的內容。自我介紹其實就是小規模的「個人品牌」。使用能夠提升好感度的話語，也有助於在他人心中留下好印象。**人的大腦會對積極正面的話語與行動產生好感。其實，當我們使用了積極正面的話語時，也會對自己帶來好運。**

　　以下是我參考上述三點後完成的自我介紹，內容適用於同好會⋯等非正式場合。

　　「大家好。我是李揆熙，目前在公司負責製作與指導服務工作的訓練課程七年了。我特別重視人與人之間的緣分，也總是能在與他人共同成長的過程中得到成就感。我認為，如果彼此間透過交流良好的反饋並一起朝著共同目標前進的話，達成目標的機率也會

變得更高。而我也想與更多人分享自己在這些過程中獲得的深刻體會。或許，也正是因為這個契機才讓我們聚在這個地方。我是很相信『吸引力法則』的人。我想，自己今天做得最好的一件事，就是與各位相遇。希望在接下來日子也能延續我們的善緣，一起成長。真的很高興認識大家。謝謝。」

認真準備的自我介紹不只能好好表現自我，同時也意謂著對在場所有人的尊重。即使沒有厲害的「梗」，但只要誠懇介紹自己，自然就能給人值得信賴的感覺。**連自我介紹都做得敷衍、隨便的人，往往都會讓人感覺信不過**；沉醉在自己的世界，只顧著炫耀自己的人，也很容易引起他人的反感。以自信與端正的姿態，搭配眉宇間放鬆的開朗笑顏、柔和的目光面對他人，更是自我介紹的必備要素。現在，就讓我們好好享受這個專屬於自己個人品牌的小舞台吧！

大家都知道，
卻只有我不知道的説話習慣？

關於説話方式的心理學

只有我不知道的説話習慣

「我之前試過在公司與同事分享一些關於工作的意見，但他們居然説完全聽不懂我在講什麼。這番話聽起來滿傷人的，所以我一直很介意。」

有時，我們會因為連自己也不知道的説話習慣而感到不知所措。心理學家班杜拉（Albert Bandura）認為，人類會藉由模仿進行學習。説話習慣也是如

此。除了父母外，就連上司、前輩、朋友都會影響我們的說話方式。那些時不時聽見的話語，會在不知不覺間滲透你我，最後如同遺傳基因般代代相傳。假如有些連自己都覺得不甚滿意的負面說話習慣，首先得要找出「出處」何在。讓我們一起了解一下專家們為改變負面說話習慣提出的幾種方法。

	解決方法	問題與答案（範例）
1	定義說話習慣	**說話習慣的問題是什麼？** 容易不耐煩的說話習慣。
2	思考形成說話習慣的起源	**受什麼人影響？** 由於童年時期父母經常吵架，後來在易於感到焦慮不安的青少年時期養成這個說話習慣。
3	分析負面說話習慣出現的情況，檢視習慣持續之原因	**為什麼持續？** 為了讓對方了解自己感覺憤怒與為難的景況。
4	轉換成其他說話方式	**可以使用什麼話替代？** 以「我心裡不太舒服」替代「我快瘋了」；以「如果這麼做，會不會比較好？」替代「為什麼要這麼做？」。
5	觀察與持續	**如何維持期望改變的說話習慣？** 記錄關於說話方式的日記，並且回顧自己使用過的說話方式。 向公司同事詢問自己的說話習慣。 傾聽家人們對自己說話習慣的反饋。

藉由上述方法，可以發掘出藏在說話習慣背後的情緒與心理，以及影響說話習慣的經歷。認同與接受各式各樣的情緒、心理之後，自然也能鍛鍊內心的韌性。**唯有停止習慣脫口而出的話語，才能好好使用自己真正想說的話。**

　　偶爾也會面臨感到挫折、沮喪的時刻。畢竟，想要改變長久以來固定的說話習慣本來就不是件容易的事，此時，不妨試著先暫停一下，然後深呼吸，稍微調整節奏再重新開始。另外，也要記得持續檢視自己習慣的說話方式是否會在沒有察覺的時候又故態復萌。

接收來自周圍的反饋

・說話時，會以什麼樣的表情為主？給人什麼樣的感覺？

・自己的說話方式給人什麼樣的感覺？

・面對與自己不同的意見時，你會以何種方式表達？

・想要與他人拉近距離時，會以何種方式表達？

．想要的東西出現時，會以何種方式表達？

．敏感、憤怒時，會以何種方式表達？

誠實地聽一聽在他人的印象裡，自己平常與人對話時的氛圍、語氣、表情、動作、慣用語的模式…等各種感覺；並且特別拜託家人或親近的同事直接指出你希望與不希望表現的說話方式。只要各方面都準備妥當了，便能更輕鬆地改正習慣的說話方式。

溝通也有需要
遵守的信號

善用媒介的溝通

讓工作順利的那些約定

「咚、咚。」

「○○○，機長已經做出降落的指令，所以馬上就要降落了。你的圍裙等降落之後再換，先回到座位準備降落。」

剛成為空服員的○○○原本正在派發乘客點的東西，因此沒有留意到降落信號。「咚、咚」的聲響，

是機長用來通知空服員的降落信號。此時，空服員會回到原位，繫好安全帶準備降落。假如沒有在飛機降落時繫上安全帶的話，很有可能會發生危險狀況，因此空服員都必須格外注意諸如此類的信號，以便順利完成溝通。長途航班時，也都會額外製作一份「溝通簡報」記錄與交流較為特殊的情況。有鑒於看起來微不足道、經常疏忽的地方反而更容易會演變成意外，因此才需要特別注意。

在一般的工作環境中亦是如此，一旦沒有確實遵守那些事先說好的信號或秩序、約定，很有可能就會發生尷尬的事。

在遠距生活變成「新常態」（New Normal）、持續實施居家辦公的情況下，在平台與雲端…等處記錄需要分享的內容、工作進度也成了必要之務。此外，也必須時常確認自己是否確實傳達，以及接收訊息的人是否正確理解意思。只要有辦法做到這些，自然就能提升溝通的品質。讓我們一起看看如何使用以下的兩種方法達成高品質的溝通。

第一種方法，將口頭討論的內容整理後，再以E-mail或訊息傳達一次。由於透過對話交流的內容，很容易會隨著時間流逝而產生扭曲，所以留下紀錄會是比較妥當的方式。如此一來，也可以避免事後的爭議。

　　第二種方法，召開會議的人可以預先告知與會者大綱，以及即將討論的內容細項。在沒有任何事前準備的情況下突然召開的會議，不只會打斷工作氛圍，也時常會因為無法果斷做出決定，而演變成只有簡單交換相關資訊便散會的結果。

05
有效率地
寫 E-mail

遠距時代的溝通法

難以直接感受情緒的媒介

在疫情發生之前，大家經常透過E-mail、各種通訊軟體、網路平台進行溝通，但疫情後的此時此刻對這些東西的依賴度又提升到另一個層次了。儘管諸如此類的通訊媒介具備讓人可以不受限於環境自由交流意見的優點，卻依然不太可能比得上面對面對話時的深刻程度。原因在於，我們無法讀到表情、姿勢、眼神、態度…等語言之外的訊息。

哪怕是相同的內容，也可能隨著心情或情緒而被解讀成負面的方向。因此，百分百相信自己在閱讀E-mail時的情緒，其實相當危險。萬一對方明明收到E-mail卻已讀不回的話，也沒有必要為此不悅。《會做事的人說話往往很單純》的作者朴素延也提出了「遠距的溝通，只要使用字面本身的意思進行確實溝通就好」的建議。使用訊息溝通時，應該單純以資訊為主，而不是曖昧不明的想法或感受。此外，傳送公事訊息時，千萬不要在等待期間又多傳幾個簡短的訊息，而是應該以完整的形式完成一個訊息，以便收件者即使在經過一段時間後才閱讀也能順利理解與回覆。

來自哈佛大學法學院的談判專家史都華‧戴蒙（Stuart Diamond）在提及與工作相關的內容時，同樣也認為在需要傳達情緒的E-mail中，清楚告知對方整體的語調是最有效率的；建議直接使用像是「很遺憾也很不好意思必須告知這件事」等表達具體情緒的方式。傳送E-mail前，可以善用「預覽郵件」的功能，站在對方的立場重新檢視一次內容。置身於遠距時代的每一段關係，都得從好好挑選用字開始。

06

適用於後疫情時代的
工作聯繫訣竅

撰寫文件的重要性

瞬息萬變的工作環境

　　以前與商務領域相關的自我啟發書籍，經常都會出現「文字訊息遠比不上直接面對面溝通。因為，文字有可能會在傳達過程中出現扭曲的情況」之類的建言。然而，在經歷新冠肺炎後，這些金玉良言卻都已不再受用。根據韓國求職網站「JOB　KOREA」的問

卷調查結果顯示，有將近半數的受訪者表示自從無接觸時代後，開始出現迴避撥打／接聽電話的「電話恐懼症」，傾向選擇毋須實際接觸的遠距溝通方式。隨著逐步邁入與病毒共存的時代，工作環境也正在轉變成非遠距與遠距融合、接軌的方向。一旦習慣了遠距的便利後，確實很難再回到舊有的模式。

讓文字訊息不落俗套

在需要透過多樣通訊軟體溝通的環境中，通訊軟體基本上也取代了E-mail的部分功能。為了讓人能夠輕易了解業務內容與傳達事項，與工作相關的訊息盡可能整理與表達得簡潔些。將傳達內容依序標上註記，只要簡潔地寫上重點即可。假如是需要回覆的內容，直接告知對方期望收到回覆的期限會是更好的做法。

近來，在社群網站上也有不少熱門的自我啟發聚會。像是在讀書會、清晨起床會…等群組中，發言前不妨重新確認一次自己要傳達的內容有沒有錯誤，

修潤一下文字再按下傳送鍵。表達謝意時，直接提及具體的原因，而不是老套的「感謝您」；可以嘗試多加運用像是「謝謝您今天又傳來了一篇鼓舞人心的文章！」「○○傳來的內容讓我充滿力量，今天也要努力向上！」之類的具體方式表達。意見討論時，務必積極參與，以便盡快做出結論。如果已讀訊息後卻隔了很久都沒回的話，可能會因此引起誤會，所以務必記得在適當的時間點回覆。

越是遠距時代，
關係越重要

善用新媒介

遠距時代的會議、課程方式

　　「遠距課程要比以前更認真製作、準備資料與影片，好像比非遠距課程還累。」

　　「現在不用像以前一樣出差，又可以居家辦公、開會，實在太方便了。不過，專注力好像有點下降。」

　　「原本打算把小孩安頓好就開始準備上班、接受

復職訓練，但現在能直接在家接受訓練課程，真的太棒了。只是，沒辦法做一些之前實體課程能做的實習活動，有點可惜。」

隨著居家辦公與線上課程的增加，遠距的生活方式也如同潮水般全面湧入你我的日常。原本堅持以非遠距方式進行的補習班、授課也開始適應與接受視訊課程。雖然能夠看得見彼此面容的視訊會議已經比E-mail或訊息、電話的溝通來得更好些，卻依然存在著限制。

非遠距課程時，人與人間可以透過能量的交流與推測理解程度進行適合的課程。實際的面對面與傳達，不僅能夠交流能量與氛圍，同時也能建立彼此間的融洽關係。可是，視訊的方式卻很難像這樣分享與交流。哈佛大學法學院的海蒂・嘉德納（Heidi K. Gardner）強調，人際關係正是居家辦公不可或缺的部分。一旦居家辦公的時間持續太久，漸漸就會有別於過去每天都得見面、共事的模式，減少了培養同事情誼的時間。同事間的親密度也難免隨之下降。

有效率的遠距溝通方法

第一種方法，訂定一個可以分享個人故事與建立關係的閒聊時間。利用會議開始前的五至十分鐘休息時間或額外找個午茶時間簡單分享近況。

第二種方法，主持會議者必須輪流讓所有與會者都有均等的發言機會，並且留心沒有忽略任何人，以及讓與會者保持專注與緊張感直至散會。

第三種方法，情況允許的話，不妨指定共同主持人。由於使用網路進行的視訊會議較易出現意料之外的變數，為了避免與會者因為連線狀況不佳被踢出會議、聲音聽不見…等，務必尋求擅長處理網路疑難雜症者的協助。

進行視訊會議、視訊課程的指南

1. 連線方法（定位與應用程式的設定方法）

2. 參與時的注意事項（掌握時間）

3. 影像與聲音的使用方法

你的想法，將成為你的話語；

你的話語，將成為你的行為；

你的行為，將成為你的習慣；

你的習慣，將成為你的價值觀；

而你的價值觀，也終將成為你的命運。

——聖雄甘地（Mahatma Gandhi）

你不是不會做事，是不會說話

活用聲音表情、好感溝通貼近人心，說話印象就是你的個人品牌優勢！

作　　　者	李揆熙（이규희）
譯　　　者	王品涵
封面設計	木木 LIN
內頁設計及排版	關雅云
責任編輯	蕭歆儀
總 編 輯	林麗文
副 總 編	梁淑玲、黃佳燕
主　　編	高佩琳、賴秉薇、蕭歆儀
行銷企劃	林彥伶、朱妍靜
社　　長	郭重興
發 行 人	曾大福
出　　版	幸福文化／遠足文化事業股份有限公司
地　　址	231 新北市新店區民權路 108-1 號 8 樓
粉 絲 團	https://www.facebook.com/Happyhappybooks/
電　　話	（02）2218-1417
傳　　真	（02）2218-8057

發　　行	遠足文化事業股份有限公司
地　　址	231 新北市新店區民權路 108-2 號 9
電　　話	（02）2218-1417
傳　　真	（02）2218-1142
客服信箱	service@bookrep.com.tw
客服電話	0800-221-029
郵撥帳號	19504465
網　　址	www.bookrep.com.tw
團體訂購請洽業務部（02）2218-1417 分機 112	

法律顧問　華洋法律事務所 蘇文生律師
印製　博創印藝文化事業有限公司

初版一刷　西元 2023 年 3 月
定　　價　360 元
ISBN　9786267184745　書號 0HDC0063
ISBN　9786267184844　（PDF）
ISBN　9786267184851　（EPUB）
著作權所有·侵害必究 All rights reserved

特別聲明：有關本書中的言論內容，不代表本公司／出版集團的立場及意見，由作者自行承擔文責。

國家圖書館出版品預行編目(CIP)資料

你不是不會做事,是不會說話：活用聲音表情、好感溝通貼近人心，說話
印象就是你的個人品牌優勢！/ 李揆熙著；王品涵譯. -- 初版. -- 新北市：
幸福文化出版社出版：遠足文化事業股份有限公司發行, 2023.03
　面；　公分
ISBN 978-626-7184-74-5(平裝)

1.CST：說話藝術 2.CST：溝通技巧

192.32　　111022204